자연의 풍경들

Friedrich Schiller, Wilhelm und Alexander von Humboldt und Johann Wolfgang von Goethe in Jena,

자연의 풍경들

알렉산더 폰 훔볼트

이미선

자연의 풍경들

1판 1쇄 발행 2023년 12월 7일

지은이 | 알렉산더 폰 훔볼트
옮긴이 | 이미선
발행인 | 신현부

발행처 | 부북스
주소 | 04613 서울시 중구 다산로29길 52-15(신당동), 301호
전화 | 02-2235-6041
팩스 | 02-2253-6042
이메일 | boobooks@naver.com

ISBN 979-11-91758-24-5 03950

로마에 있는 사랑하는 형 빌헬름 폰 훔볼트에게

1808년 5월, 베를린

저자

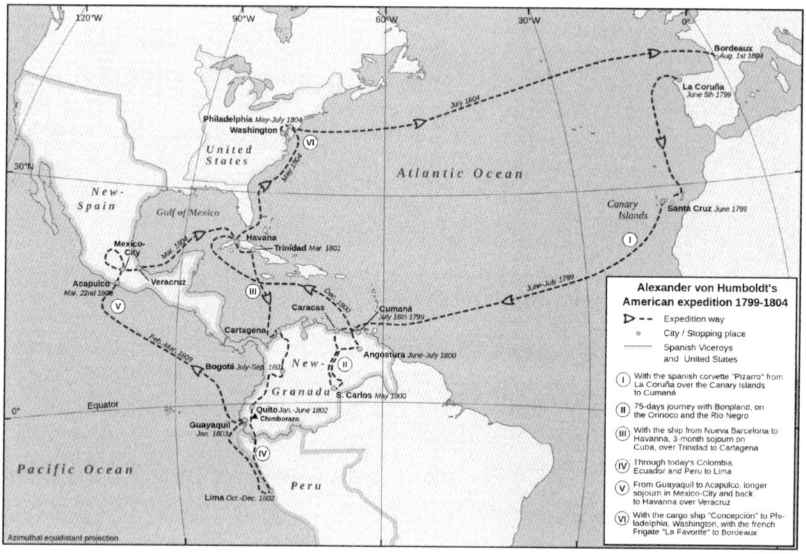

https://commons.wikimedia.org/wiki/File:Map_Alexander_von_Humboldt_expedition-en.svg

목차

---

001 레글람(Reclam) 판에는 "der modische Genius"로 인쇄되어 있으나, 1874년 판에는 "der rhodische Genius"로 되어 있어 이를 따른다. 프락투어(Fraktur) 글자체를 바꾸면서 오류가 생긴 것으로 추측된다.

002 아타우알파(Atahualpa, 1502-1533): 잉카의 마지막 왕. '아타왈파' 혹은 '아타우아이파'라고도 불린다.

초판 서문

독자들에게 내가 조심스레 제시하는 일련의 저작물들은, 대양 위에서, 오리노코 강[003]의 숲들과 베네수엘라의 스텝[004]에서, 페루와 멕시코 산맥의 황무지에서, 거대한 자연의 대상들을 눈앞에서 바라보면서 쓴 것들입니다. 몇몇 단편들은 현지에서 기록해 두었다가, 나중에 다시 전체로 통합했을 뿐이고요. 자연에 대한 지대한 조망과 여러 힘들의 상호작용에 대한 증명, 열대 여러 나라들을 직접 보면서 감수성 강한 사람이 얻었던 즐거움을 다시 불러일으키는 것이 내가 추구하는 목표들입니다. 각각의 에세이는 자체적으로 완결된 통일체를 이루고 있으며, 각 에세이마다 동일한 경향이 똑같이 드러날 것입니다. 우리 모국어의 놀라운 힘과 유연성에도 불구하고, 자연사(自然史)적[005] 상황들을 여기서 미학적으로 다루는 것은 구

---

003 오리노코 강: 전 길이 2,050㎞의 남미 베네수엘라에 위치한 강. 기아나 고지의 남쪽에서 북서로 흐르며, 콜롬비아와 접경을 지나 유역을 흐르는 지류와 합쳐져서 대서양으로 흘러들어 간다.

004 스텝: 자연지리학에서 강과 호수와 멀리 떨어져 있고, 나무가 없는 평야를 의미한다. 초원이 일반적으로 긴 풀들이 자란 평야를 뜻하는 반면, 스텝은 짧은 풀들이 자란 평야를 의미한다. 스텝은 계절과 위도에 따라, 반(半)사막 지대이거나, 벼과 식물과 관목이 덮인 지대일 수 있다.

005 『훔볼트 세계사』(2020, 지식과 감성)의 저자 이종찬은 알렉산더 폰 훔볼트의 남아메리카 탐험을 자연사(自然史) 탐험(73쪽)이라 규정하면서, "이 시기의 자연사는 기후학, 역사지질학, 식물학, 동물학, 광물학, 민족학, 고고인류학, 고생물학, 민속학을 광범위하게 포함한 영역으로 이해되었다"(134쪽)고 정의한다. 자연사를 의미하는 영어 Natural History나 독일어 Naturgeschichte는 사전에는 '박물학'으로 번역되어 있다. 한국민족문화대백과사전에서는 "박물학(博物學)은 생

성 면에서 큰 어려움이 있습니다. 풍요로운 자연은 개별적인 이미지들을 잔뜩 쌓이게 만들어서 상세한 묘사의 안정과 총체적 인상을 방해합니다. 감정과 상상에 호소하다 보니, 문체가 쉽게 시적인 산문으로 변질되고 맙니다. 여기서 이 아이디어들을 피력할 필요는 없습니다. 왜냐하면 다음에 펼쳐질 페이지들에서 그런 일탈과 평정의 부족한 예들이 다양하게 제시될 것이기 때문입니다.

나 자신도 개선하기보다는 쉽게 비난하는 이런 실수에도 불구하고, 내가 그려낸 자연의 풍경들[006]이 독자에게 부분적으로나마 즐거움을 제공하길 바랍니다. 예민한 감성을 가진 사람이 그것을 직접 바라볼 때 발견하는 그런 즐거움 말입니다. 이러한 즐거움은 자연의 힘들의 내적 관계에서 바라볼 때만 증가되기 때문에, 각각의 에세이들에 과학적 주석과 추가 설명이 첨부되었습니다.[007]

나는 이 글 어디에서나 물리적 자연이 인류의 도덕적 성향과 운명에 영

물학, 지구과학, 우주과학 등 과학의 포괄적인 범위를 포함하는 자연사보다 좁은 의미로 쓰이는 용어로 동물과 식물, 광물 등의 표본 · 특성 · 분포 등을 통합적으로 다루는 학문 분야이다."라고 규정한다. 그러나 본 역서는 이종찬의 주장을 따라 본문의 형용사 'naturhistorisch'를 '자연사적'으로 번역한다. 참고로 일본어 번역에는 '박물학적'으로 되어 있다.

006 Ansichten der Natur: 여기서 Ansicht는 '견해, 의견' 혹은 '풍경, 조망' 등의 뜻을 갖고 있다. 영어 번역본에서는 처음에는 'aspect'(*Aspects of Nature*, 1849)와 'view'(*Views of Nature*, 1850)로 번역되었다가, 지금은 *Views of Nature*로 번역된다. 이 책에서 저자는 자연의 다양한 '풍경'을 묘사하면서, 자신의 자연관을 드러내기 때문에 본 번역에서는 복수 명사인 Ansichten을 '풍경들'로 번역한다. 알렉산더 폰 훔볼트에 관련된 다른 책에서는 '자연관'으로 번역되기도 했다. 『훔볼트 세계사의 저자는 '자연의 관점'으로 번역했다.

007 번역 저본 Reclam 판에서 이 부분 〈과학적 주석과 보충설명〉은 생략되었다. Reclam 판에는 이에 관해 다음과 같은 설명이 덧붙여 있다. "훔볼트는 자연의 풍경들에 광범위한 〈주석과 보충설명〉을 첨가했다. 이것들은 많은 경우 여러 논문으로 확장되었지만, 이 책에 실린 7편의 에세이 즉 아메리카 열대 지역의 자연 풍경들과의 연관성은 느슨하다. 따라서 이 책에서는 이 부분을 생략한다."

원한 영향을 끼친다고 암시했습니다. 우선 이 책은 몰아칠 정도로 충동적인 사람들에게 헌정하였습니다. "격렬한 삶의 파도에서 빠져나온 자"[008]는 우거진 숲 속으로, 측정 불가능한 스텝으로, 안데스 산맥의 높은 산등성이로 나를 따라 오시라. 그에게 세상을 향해 노래하는 합창단이 이렇게 말하리라.

산 속에 자유가 있다! 무덤의 숨결은
순수한 대기의 품속으로 기어오르지 못하리니.
인류가 자신의 고통을 품고 다니지만 않는다면,
세계는 사방 어디든 완벽하리.

008 이 인용과 아래의 시는 프리드리히 쉴러의『〈메시나의 신부〉』(Die Braut von Messina) 4막 7장의 합창 부분이다.

2판과 3판 서문

이 글의 두 가지 방향(생생한 묘사를 통해 자연을 좀 더 많이 즐기게 하려는 노력과, 동시에 당시의 학문 수준에 의거해 여러 힘의 조화로운 협력 작용에 대한 통찰을 증대시키기 위한 노력)은 거의 반세기 전에 낸 초판의 서문에서 자세히 설명했습니다. 당시에는 자연의 거대한 장면을 미학적으로 논의하는 과정에서 내재한 모순이 방해가 되었습니다. 문학적인 목적과 순전히 과학적인 목적의 연결, 상상에 몰두함과 동시에 지식의 증가를 통해 삶을 아이디어로 풍부하게 하고 싶은 바람, 이것들은 개별 부분들을 정돈하기 힘들게 만들고, 구성을 통일하기 위해 요구되는 어떤 것에 이르기 어렵게 만듭니다. 이런 불리한 사정이 있었지만, 대중은 나의 시도가 불충분하게 실행되도록 지속적으로 아주 관대한 친절을 베풀어 주었습니다.

『자연의 풍경들』의 2판은 1826년 파리에서 준비했습니다. 두 편의 논문 즉 「다양한 지대에 있는 화산의 구조와 활동 특성에 대한 실험」과 「생명력 혹은 로도스 섬의 정령」[009]을 당시 우선적으로 덧붙였습니다. 내가 예나에 오래 체류하는 동안, 쉴러[010]는 의학 공부를 하던 자신의 젊은 날을

009 각주 1) 참고.

010 요한 크리스토프 프리드리히 폰 실러(Johann Christoph Friedrich von Schiller, 1761-1805): 독일 고전주의 극작가이자 시인, 철학자, 역사가, 문학이론가. 원래 법학을 공부했으나 의학으로 전공을 바꾸었고, 군의관으로 복무하기도 했다.

회상하며 생리학적 대상들에 대해 나와 즐겨 이야기를 나누었습니다. 나의 논문 「상이한 화학 소재의 접촉을 통해 자극된 근육 섬유와 신경 섬유의 상태」 덕분에 종종 우리는 보다 진지한 방향으로 대화를 이어갈 수 있었습니다. 그 시절에는 생명력에 관한 소논문도 썼습니다. 쉴러가 자신의 잡지 〈호른〉에 실렸던 「로도스 섬의 정령」에 특별한 호감을 보여 주어서, 나는 이 글을 다시 게재할 용기를 얻었습니다. 나의 형[011]은 최근에 출판된 책(『빌헬름 폰 훔볼트가 어느 여자 친구에게 보낸 편지』, 2부, 39쪽)의 한 편지에서 동일한 사안을 품위 있게 다루면서, 다음과 같이 정확하게 덧붙였습니다. "논문 전체의 목적은 생리학적 사고를 전개하는 것입니다. 이 논문이 쓰인 시절, 사람들은 당장 행동하기보다는 진지한 사실을 그런 식으로 약간 문학적으로 비유하는 것을 좋아했습니다."

이 책의 3판을 완성한 것 그리고 이 책이 시대의 요구에 완전히 부합한다는 사실은 내 나이 80세에도 여전히 기쁨을 주었습니다. 거의 모든 과학적 주석은 보충하거나 새롭고 풍성한 내용으로 대체했습니다. 근본적인 관찰의 가장 다양한 결과들이 가장 작은 공간 안에 응축되는 것, 숫자상의 정확한 보고와 그 보고들의 함축적 비교가 서로 명확하게 평가되는 것, 그리고 독단적인 얼치기 지식에 맞서고, 소위 고상하다는 사교 모임에 오랫동안 자리 잡고 있던 적절한 회의주의에 맞서는 것, 이런 것들을 통해 자연 연구를 향한 욕구가 활기를 띠었으면 하는 것이 나의 바람이었습니다.

---

011 프리드리히 빌헬름 크리스티안 카를 페르디난트 폰 훔볼트(Friedrich Wilhelm Christian Carl Ferdinand von Humboldt, 1767-1835): 알렉산더 폰 훔볼트의 형으로 철학자, 교육학자, 정치가. 베를린 대학교의 공동 설립자이기도 하다.

러시아 황제[012]의 명령에 따라 에렌베르크[013]와 구스타프 로제[014]와 함께 1829년에 실행했던 북아시아(우랄, 알타이 그리고 카스피아 해안) 탐험은 내 책의 2판과 3판이 출판된 기간과 일치합니다. 지표 형성, 산맥의 방향, 스텝과 사막의 관계, 측정된 기온의 영향에 따른 식물의 지리학적 분포 등과 관련된 모든 점에서 이 탐험은 나의 견해를 근본적으로 넓혀 주었습니다. 알타이와 히말라야 사이에 있는 눈 덮인 거대한 두 산맥, 즉 톈산 산맥과 쿤룬 산맥에 대해 사람들은 아는 바가 없었습니다. 이런 무지가 중국의 원전(原典)을 부당하게 무시하면서 내륙 아시아에 대한 지리학의 발전을 가로막았고, 널리 읽히는 책들에서 환상을 관찰의 결과라고 행세하게 했습니다. 몇 달 전부터 거의 기대하지 않았는데 두 대륙의 최고봉들의 고도를 비교하는 데 있어서 중요하고도 정정해야 할 부연 사항이 수반되었습니다.[015] 볼리비아의 안데스 산맥 동부에 있는 두 산, 소라타[016]와 일리마니[017]의 높이가 이전의 오류에서 벗어나 새로 확정되었습니다. 이로 인해 침보라소 산[018]은 신대륙의 가장 높은 설산(雪山)들 중에 있었던 이전의 지위를

---

012 니콜라이 1세(Nikolaj I Pavlovič, 1796-1855): 러시아 로마노프 왕조의 11번째 군주. 러시아 제국의 황제(재위 1825-1855년) 겸 폴란드 국왕(재위 1825-1830).

013 크리스티안 고트프리트 에렌베르크(Christian Gottfried Ehrenberg, 1795-1876): 독일 동물학자이자 미생물학자, 생태학자, 지리학자.

014 구스타프 로제(Gustav Rose, 1798-1873): 독일 광물학자.

015 1874년 판에는 이 문장 다음에 [그에 관해서는 나중의 글(37쪽과 56-57쪽)에서 볼 수 있을 것이다.]라는 글이 덧붙여 있다. 제시한 쪽은 1874년 판의 주석 부분으로, Gutenberg Projekt의 Reclam 본문에서는 위의 문장과 주석 모두 생략되었다.

016 소라타(Sorata) 산: 볼리비아 서부 안데스의 동쪽 코르디예라 산계 중의 최고봉. 북봉 앙코우마 6,338m, 남봉 이얌푸 6,428m.

017 일리마니(Illimani) 산: 볼리비아의 산으로 해발 6438m. 황금 독수리라는 뜻이다.

018 침보라소(Chimborazo) 산: 해발 6,310m. 북서부에 에콰도르 안데스 산맥에서 가장 높다.

아직 완전히 다시 얻지 못했습니다. 반면 히말라야에서는 삼각법으로 칸첸중가 산[019](26,438 파리식 피트)[020]을 새로 측정했고, 이 결과 이 봉우리는 이제 역시 삼각법으로 더욱 정확하게 측량한 다울라기리 산[021] 다음의 자리를 차지하게 되었다. 앞서 출판된 『자연의 풍경들』의 1, 2판과 숫자상의 동일성을 유지하기 위해 확실한 반대가 없는 한, 온도는 레오뮈르가 고안한 80눈금의 열씨[022]로 표시합니다. 피트 단위는 프랑스식 옛날 단위인데, 이 방식에서 1투아즈[023]는 6프랑스 피트에 해당합니다. 마일은 지리학 마일[024]로, 15마일이 1적도(赤道)척도[025]입니다. 경도는 파리 천문대[026]의 첫 자오선으로 계산합니다.

1849년 3월, 베를린

---

019 칸첸중가(Kanchenjunga) 산: 해발 8,586m. 인도 시킴 지방과 접한 네팔 국경의 히말라야 산맥에 있다. 칸첸중가라는 이름은 시킴어로 '큰 눈(雪)으로 이루어진 5개의 보물'이라는 뜻이다.

020 파리식피트: 피에드르와(Pied du roi). 옛 프랑스의 단위로 약 32.4cm. 영국식 1피트는 30.48cm.

021 다울라기리(Dhaulagiri) 산: 해발 8,167m. 네팔 북 중앙에 위치한, 세계 제7봉. 산스크리트어로 '하얀 산'이라는 뜻을 가지고 있다. 1808년 서구에 다울라기리 산이 처음으로 알려졌을 당시에는 세계에서 가장 높은 산으로 여겨졌다.

022 열씨온도계(列氏溫度計): 1730년 프랑스의 레오뮈르가 고안한 것으로, 어는점을 0도 C로 하고 끓는점을 80도 C로 하는 온도계.

023 6파리피트=1투아즈이며, 1투아즈는 현재 단위로 대략 1.95m쯤 된다.

024 Ggeographische Meile 혹은 Geographische Landmeile: 독일에서 사용하는 마일로 약 7421.5m. 앞으로 이 단위는 '지리학 마일'로 번역한다.

025 지구의 적도를 따라 1분의 호(적도에서의 경도 1분)에 의해 결정되는 길이로, 1(독일)지리학 마일 =1/15 적도 척도(Äquatorialgra) = 7421.5m

026 파리는 그리니치에 동쪽 2° 20' 14"에 위치한다. 훔볼트가 사용한 다른 척도는 다음과 같다. 1파리식 리니에(Pariser Linie) = 2,26mm; 1촐(Zoll) = 2,71 cm; 1라흐터(Lachter) = 1클라프터(Klafter. 프로이센에서는 2,09m, 작센에서는 2m) 이 각주는 레클람 판의 것으로, 1874년 판에는 없다.

Portrait of Alexander von Humboldt

스텝과 사막에 대해서

우리 행성의 신생대 시절, 앤틸리스 제도[027]에 만이 생길 때, 밀려드는 물에 맞섰던 높은 화강암 등마루의 발치에서 끝이 보이지 않는 넓은 평원이 시작되었다. 카라카스의 계곡들과 섬이 많은 타카리구아 호수—이 근처의 수면에는 바나나 줄기들이 비친다—를 뒤로 하면, 그리고 타이티 사탕수수의 부드럽고 밝은 초록으로 화려하게 빛나는 강들이나 카카오 숲의 위협적인 그늘을 뒤로 하면, 눈길은 남쪽 스텝에 머물게 된다. 이곳은 언뜻 보면 오르막으로 보이는데 저 멀리서 점점 사라지더니 지평선이 된다.

무성할 정도로 풍요로운 유기적 생명체에서 벗어난 방랑자가 나무 한 그루도 풀도 드문 사막의 황량한 외곽 지대에 발을 들여놓는다. 측량할 수 없는 그 공간에는 어떤 언덕이나 절벽도 섬 모양으로 솟아 있는 것은 없었다. 표면적 200평방 마일 위에는 오직 깨어진 여러 광석층만이 인접한 부분보다 높이 눈에 띄게 여기저기 놓여 있을 뿐이다. 원주민들은 이 현상을 뱅크[028]라고 부르는데, 언어를 통해 즉각적으로 이것들의 이전 상태들을 추측할 수 있었다. 왜냐하면 그 구릉들은 심연들이었고, 스텝 자체는 거대

027 앤틸리스 제도: 카리브 해의 서인도 제도의 섬 중 루케이언 제도를 제외한 섬을 말한다. 북쪽의 큰 섬들로 이뤄진 대 앤틸리스 제도와 동쪽의 작은 섬들로 이뤄진 소 앤틸리스 제도로 나뉜다. 소 앤틸리스 제도 남서부에 있는, 남아메리카에 가까운 섬들은 리워드앤틸리스 제도로 세분된다.

028 뱅크(Bank): 대륙이나 섬의 대륙붕에서 국지적으로 돌출된 곳.

한 지중해의 바닥이었기 때문이다.

심지어 지금도 밤에 착각하면 선사시대의 모습들을 종종 다시 떠올리게 된다. 길잡이 별자리가 성급히 뜨고 지면서 평원의 가장자리를 밝힐 때나, 그것들이 불안정하고 흐린 대기의 제일 낮은 층에서 깜빡거리며 그 모습이 더 크게 보일 때는, 끝없는 대양이 눈앞에 펼쳐져 있는 것 같다. 이 대양처럼 스텝은 마음을 무한의 감정으로 채우며, 그리고 감각적 인상에서 벗어난 듯, 이 감정을 통해 마음을 보다 높은 질서의 정신적이고 영적인 자극으로 채운다. 투명한 바다의 수면을 보는 것은 쾌적하기도 하다. 그 위에는 가볍게 출렁이며 부드럽게 거품이 이는 파도가 잔물결을 일으킨다. 이와는 달리 스텝들은 황량한 행성을 뒤덮고 있는 민둥민둥한 바위 껍질처럼 활기도 생기도 없이 펼쳐져 있다.

지구 전 지역에서 자연은 거대한 평야들의 이런 현상을 제공한다. 그래서 각각의 현상은, 토양의 특성이나 기후에 의해, 해발 고도 위로 솟은 거리에 의해 규정되는 생김새를, 자기 자신의 고유한 성격으로 갖게 된다.

북유럽의 유틀란트 반도 제일 북쪽에서부터 스헬더 강[029]의 하구까지 황야 지대들을 볼 수 있다. 그런데 이곳에는 모든 것을 다 몰아내 버리고 오직 한 가지 식물로 뒤덮여 있어, 진정한 스텝이라고 할 만하다. 하지만 남아메리카의 야노스[030]와 팜파스[031] 혹은 털이 덥수룩한 들소와 작은 사향 동물이 우글거리는 북아메리카의 미주리 강과 독일의 쿠퍼 강가의 풀

029 스헬더 강: 350km 길이의 강으로 프랑스 북부, 벨기에 서부와 네덜란드의 남서 지방을 흐른다.

030 야노스(Los Llanos): '편평한 땅'이라는 뜻으로 남아메리카 북서부 안데스 산맥 동쪽에 있는 광대한 열대 초지를 일컫는다. 영토상으로는 콜롬비아와 베네수엘라에 있으며, 이 평원의 주요 하천은 오리노코 강이다.

031 팜파스: 남아메리카 중위도 지역 저지대에 있는 750,000㎢ 면적의 비옥한 평야로, '팜파스'는 남아메리카 원주민의 말로 초원을 뜻한다.

이 무성한 평야들을 이곳과 비교한다면, 이곳은 그저 그리 멀리 확장되지는 않은, 높은 언덕과 같은 지표면이 있는 스텝일 뿐이다.

아프리카 내륙의 평야들은 훨씬 더 크고 더 진지한 풍경을 보여준다. 태평양의 드넓은 표면처럼 아프리카의 내륙들은 최근에 와서야 철저히 조사되기 시작했다. 이 평야들은 사막의 일부분인데, 이 사막은 마치 현무암 산맥 하루지[032] 근처의 사막들처럼, 동부의 풍요로운 지협들을 다른 곳과 갈라놓거나, 섬을 형성하듯이 지협들을 에워싸고 있다. 대추야자가 풍요롭게 자라는 시와(Siwa) 오아시스[033] 한가운데에는 아몬 사원의 잔해들이 있어 초기 인간 문화의 신성한 거처를 보여준다. 이슬도 비도 이 황량한 지표면들을 적시지 못하여, 지구의 이글거리는 자궁 안에 식물의 어떤 종자도 싹을 틔우지 못한다. 왜냐하면 사방에서 뜨거워진 공기 기둥들[034]이 하늘을 향해 솟아 있고, 증기를 흩어버리고, 급히 지나가는 구름을 몰아내기 때문이다.

---

032 하루지(Al-Harūj al-Aswad): 중앙 리비아의 사막에 있는 현무암 고원으로 약 3,900피트(1,200미터). 괴테가 특히 화강암에 관심을 두었다면, 알렉산더 폰 훔볼트는 현무암에 관심을 기울였다.

033 시와 오아시스(Siwa Oasis): 카이로에서 서쪽으로 560㎞ 떨어진 리비아 국경지대 가까이에 있다. 시와(고대 이집트어로 '야자수의 땅'이라는 뜻의 Sekhtam에서 유래)는 아몬 신(제우스 암몬)의 신탁을 받는 사원이 있는 곳으로 알렉산드로스 대왕(BC 332/331)이 아몬 신(神)의 아들로 받아들여진 곳이다.

034 공기 기둥: 대기 중에 임의로 설정한 단위 면적을 밑면으로 한 기둥의 부피를 채우고 있는 공기 덩어리를 공기 기둥이라 한다. 일반적으로 등압면 사이에 설정하여 그 평균 기온을 알고 있을 경우 같은 위치의 어느 고도에 따른 기압으로부터 연직 방향으로 다른 고도의 기압을 추산할 수 있으며, 기압이 같은 경우 공기 기둥의 높이에 따라 온도의 차이를 알 수도 있다.

와디 눈[035]과 하얀 곶[036] 사이처럼, 대서양에 인접한 사막들에서는 수직 바람으로 인해 생긴 빈 공간을 채우려고 축축한 바다 공기가 몰려든다. 해조가 초원처럼 뒤덮은 바다를 지나 감비아 강 하구를 향해 선원이 배를 몰 때도, 선원은 갑자기 열대의 동풍이 스치면 열기를 반사하며 넓게 펼쳐진 모래 지대에 가까워졌다는 것을 예감한다.

가젤 영양과 발 빠른 타조들의 무리가 광활한 지대를 이리저리 헤맨다. 모래사막 한가운데는 최근 발견된, 풍부한 샘이 있는 섬들이 있다. 이들의 초록 해안가에는 티보와 투아리크[037]라 불리는 유목민들이 무리지어 살고 있는데, 이 섬들을 제외한 아프리카 사막들의 다른 지역에는 인간이 살 수 없다. 인접 지역에서 살며 문명이 발달된 여러 민족들도 그저 가끔 이 사막에 발을 들여놓을 뿐이다. 수천 년 전부터 교역을 위해 확고하게 정해 놓은 길들 위로 타피레트[038]에서부터 톰북투[039]까지 혹은 무르추크[040]부터 보르누[041]까지 긴 행렬이 지나간다. 이 대담한 사업은 동방의 옛 전설에서 사막

---

035 와디(wadi): 건곡(dry valley)이라고도 하는 지형으로, 사막에 있으며, 평소에는 물이 흐르지 않다가 큰비가 내리면 홍수가 되어 물이 흐르는 곳이다. '와디 눈'은 '와디 눌'이라고도 불리며 모로코에 있다.

036 하얀 곶: 블랑코 곶(Cape Blanco)

037 티브 족과 투와레그 족을 말하는 것 같다. 티브(Tiv) 족은 나이지리아 남동부의 베누에(Benue) 주에 거주하며, 투와레크(Tuareg) 족은 사하라 사막에서 나이지리아, 수단 공화국 등의 서아프리카 지대에 걸쳐 살고 있는 베르베르족의 일파이다.

038 타필레트(Tafilet): 북서 아프리카의 산맥의 남쪽, 모로코에 있는 오아시스.

039 통북투(프랑스어 Tombouctou): 팀북투라고도 불린다. 서아프리카 말리에 있는 오아시스 도시.

040 무르주크(Mursuk): 리비아 남서부에 위치한 오아시스 도시.

041 카넴-보르누 제국: 기원전 600년부터 기원후 1899년까지 서아프리카 일대에 존재하던 이슬람 왕국으로, 오늘날의 리비아 남부와 니제르 동부, 나이지리아 북동부, 카메룬 북부, 차드의 차드 호 유역에 위치했던 왕국이었다. 이 왕국은 오늘날 리비아, 니제르, 차드, 나이지리아의 역사에 포함된다.

의 배라고 불렸던 낙타가 있어 가능하다.

이 아프리카 평원의 면적은 가까이 있는 지중해보다 거의 세 배나 되는데, 일부는 회귀선 바로 아래에 있고, 일부는 회귀선 근처에 있다. 이러한 위치로 인해 평원들은 독특한 자연적 특성을 지닌다. 이와 달리 구대륙의 동쪽 절반의 동일한 지질학적 현상은 온대 지역의 특성에 좀 더 가깝다.

금산(金山)[042]이라고도 불리는 알타이 산맥과 쿤룬 산맥[043] 사이에 있는 중앙아시아의 산 뒤에, 만리장성에서부터 톈산 산맥[044] 저편까지 그리고 아랄 해[045] 방향으로 수천 마일 이상 길게, 세계에서 가장 높지는 않지만 가장 큰 스텝이 펼쳐져 있다. 나는 남아메리카 여행 이후 30년 동안, 거의 700지리학 마일에 이르는 지역에서 이곳들의 한 부분 즉 돈 강, 볼가 강, 카스피 해와 중국 자이산 호수 사이의 칼미크 스텝과 키르기스 스텝을 직접 볼 기회가 있었다. 가문비나무 숲으로 끊기고 가끔 구릉이 많은 아시아 스텝의 식생은 군락별로 보면 카라카스와 부에노스아이레스의 야노스와 팜파스의 식생보다 훨씬 더 다양하다. 아시아 유목 민족이 살고 있는 평원보다 아름다운 부분은 하얀 꽃이 만발한 장미과의 키 작은 관목들과 왕관초(백합과), 튤립과 시프리페디움이 수놓은 지역이다. 전반적으로 모든 식물이 나무와 비슷하게 되려는 것이 열대 지역의 특징이라면, 아시아의 온대 지역의 몇몇 스텝은 어마어마한 높이가 그 특징인데, 취나물속[046] 그리고 다른 국화과들, 협과 식물, 특히 황기 군락처럼 꽃이 만발하는 식물들이

---

042 금산(金山): 알타이산맥은 러시아(서시베리아)와 몽골, 카자흐스탄, 중국에 접해 있는 산맥이다. 알타이는 '금의 산'을 의미하는 터키어(Altin), 몽골어(Alti)에서 유래되었다.

043 쿤룬 산맥(곤륜산맥): 아시아에서 가장 긴 산맥 중 하나로 3000km 이상 뻗어 있다.

044 톈산산맥: 키르기스스탄에 있는 산맥으로 천산산맥 혹은 탕그리 토그라고 불린다.

045 아랄 해: 카스피 해의 동쪽에 위치한, 중앙아시아의 염호.

046 취나물속(학명: Saussurea): 국화과의 속.

그 높은 곳까지 분포되어 있다.

타타르족의 낮은 마차를 타고 풀들로 뒤덮인 이런 스텝의 길 없는 곳들을 달릴 때면, 오직 똑바로 서야만 제대로 방향을 잡을 수 있고, 숲처럼 우거진 식물들이 바퀴 앞에서 꺾이는 것을 볼 수 있다. 이런 몇몇 아시아 스텝은 풀이 난 평야이고, 다른 지역들은 늘 푸르고 부드럽고 마디진 칼리식물[047]로 덮여있다, 이들 중 많은 것들은 염분이 이끼처럼 자라나서 멀리서도 빛을 낸다. 이 염분은 불규칙하게 점토로 된 땅을 금방 내린 눈처럼 덮고 있다.

여러 산맥으로 끊겨 있는 이 몽골 스텝과 타타르의 스텝은 티베트와 힌두스탄의 오랜 문화를 가진 태고의 인간들과 북아시아의 야만 민족들을 분리한다. 또한 스텝의 존재는 인류의 변화무쌍한 운명에 다양한 영향을 주기도 했다. 스텝은 민족들을 남쪽으로 밀집시켰고, 히말라야 이상으로는, 즉 스리나가르[048]와 고르카의 설산(雪山) 이상으로는, 여러 민족의 교류를 방해하여, 온건한 풍속과 창조적인 예술 감각이 아시아의 북쪽으로 확장되는 데 한계를 긋고 말았다.

하지만 역사적으로 볼 때, 아시아 내륙의 평원을 그저 방해만 하는 장벽이라고 생각할 필요는 없다. 평원은 여러 차례 세계에 재앙과 파괴를 가져왔다. 이 스텝의 유목민 즉 몽골족, 게테족[049], 알란족[050]과 여진족이 세계를 뒤흔들었다. 수세기 동안은 생기를 북돋는 햇빛처럼 초기 정신문화

047 칼리식물: 다량의 칼리를 함유하는 식물. 감자, 사탕무우 등.

048 스리나가르: 인도 잠무 카슈미르 연방 직할지의 행정 중심지. 카슈미르 계곡의 중심지로 해발 1,600m의 고도에 있기 때문에 피서지로 유명하다.

049 게테(Gete) 또는 게타이(Getai): 흑해 서쪽에 살던 고대 초기의 인도유럽 기마 민족.

050 알란 족 또는 알라니 족(라틴어: Alani): 고대의 사르마티아계 유목 민족으로 알라니(Alani)라는 명칭은 아리아인에 대한 이란어군 방언 형태이다.

가 동쪽에서 서쪽으로 이동했다면, 나중에는 같은 방향으로 안개처럼 미개함과 도덕적 야만이 유럽을 서서히 덮어 버리려고 위협했다. (튀르키예계) 갈색 피부의 유목 종족인 흉노족은 가죽 천막을 치며 고비 사막의 높은 스텝에서 살았다. 오랫동안 중국 정권에 공포를 주었던 이 종족의 일부가 남쪽 방향으로 내륙 아시아로 밀려들어 가게 되었다. 이렇게 축출된 민족은 우랄 산맥에 있는 옛 핀란드까지 멈추지 않고 퍼져 나갔다. 그곳에서부터 훈족, 아바르족, 하자르족과 다양한 아시아계 혼혈족들이 갑자기 떼 지어 쏟아 들어왔다. 훈족의 전투 부대는 처음에는 볼가 강에, 그 다음에는 마른 강과 포 강가에 등장했다. 그러더니 안테노르[051] 시대부터 교양 있는 인류가 기념물에 기념물을 더했고, 식물이 아름답게 자라는 그 농지를 황폐하게 만들었다. 그렇게 몽골의 사막들로부터 악취로 가득한 산들바람이 불어오더니, 알프스 이쪽 땅[052]에서 오랫동안 보살펴온 예술의 섬세한 꽃들을 질식시켰다.

이제 우리 소금이 함유된 아시아의 스텝에서, 여름에는 꿀을 잔뜩 머금은 붉은색의 꽃이 찬란하게 피어있는 유럽의 황야 지대에서 그리고 아프리카의 풀 한포기 없는 사막에서 남아메리카의 평원으로 다시 되돌아가자. 나는 이미 서두에서 그 평원들에 대해서 생동감 넘치는 묘사를 대략적으로 시작했었다.

그런 생동감 넘치는 묘사가 관찰자에게 줄 수 있는 흥미는 자연에 대한 순수한 흥미이다. 이곳에서 그 어떤 오아시스도 이전의 거주민을 기억나게 하지 않고, 반들거리는 그 어떤 돌도, 다시 야생화가 되어버린 그 어떤

051 안테노르(고대 그리스어: Ἀντήνωρ): 그리스 신화에 나오는 인물로 다르나니에 사람이다. 트로이아 전쟁 당시 트로이아의 왕 프리아모스의 신하로 트로이아 인의 장로(長老) 중의 한 사람.

052 이탈리아에서 보았을 때 알프스 이쪽, 즉 남쪽.

과일나무도, 사라진 종족의 애쓴 흔적을 기억나게 하지 않는다. 인류의 운명들과는 무관한 듯이, 오직 현재에만 얽힌 채 지구의 이 부분에, 동식물의 자유로운 야생 현장이 이곳에 펼쳐져 있다.

스텝은 카라카스의 긴 해안에서부터 기아나[053]의 여러 숲까지, 메리다[054]의 설산들로부터 오리노코 강이 하구에 만들어 놓은 거대한 삼각지까지 뻗어 있다. 기아나 쪽에 있는 메리다 설산들의 비탈은 원주민들의 신앙의 대상이기도 하다. 남서쪽으로는 메타와 비차다 해안가 저편으로 협만(峽灣)처럼 스텝이 이어져, 구아비아레 강[055]의 발길 닿지 않은 여러 근원과 스페인 전투 민족들이 활기찬 상상력을 펼치면서 파라모 데 라 수마 파스[056] 즉 영원한 평화의 아름다운 소재지라는 이름을 붙인 고요한 산괴(山塊)에까지 이른다.

이 스텝의 면적은 16,000평방 마일이다. 지리학적으로 무지한 탓에, 사람들은 남북 방향으로 아푸레 강과 라플라타 강의 대초원의 경계를 짓는 아마존 강의 숲으로 이뤄진 평야는 생각하지 않고, 이 지역을 종종 마젤란 해협까지 끊임없이 이어지는 면적과 동일하게 서술했다. 치키토스 주와 빌라벨라 지협 사이에서 코차밤바의 안데스 산맥과 브라질 산괴들의 협곡이 서로를 향해 뻗어 있다. 좁은 평원 하나가 아마존 강의

---

053 기아나: 남아메리카 북동부에 있는 지역으로 독립국인 가이아나와 수리남, 프랑스령 기아나가 이 지역에 속한다. 북쪽은 대서양과 카리브 해, 동쪽과 남쪽은 브라질, 서쪽은 베네수엘라와 경계를 이루고 있다

054 메리다(Mérida): 멕시코의 도시로 유카탄주의 주도이자 가장 큰 도시이다. 멕시코 만 해안으로부터 대략 35km, 주의 북서쪽에 위치해 있다. 도시는 또한 그곳을 둘러싸는 동명의 지역 자치제 소재지이다.

055 구아비아레 강: 콜롬비아를 흐르는 강으로 길이 1,497km. 하구에 오리노코 강이 있다.

056 파라모 데 라 수마 파스(Paramo de la suma paz): '완전히 평화로운 황무지'라는 뜻.

힐래아[057]를 부에노스아이레스의 팜파스들과 결합한다. 팜파스들은 베네수엘라의 야노스 면적의 3배가 넘는다. 이것들은 정말 놀랍도록 넓게 펴져 있어서, 북쪽은 야자 숲으로 경계를 이루고, 남쪽은 거의 만년설로 덮여있다. 화식조[058]와 비슷하게 생긴 투유(Struthio Rhea)[059]는 야생 들개 무리와 마찬가지로 이 팜파스의 고유한 동물이다. 들개 무리의 조상은 인간을 보호하기 위해 싸웠지만, 이곳의 무리들은 땅굴에서 살며 종종 피에 굶주린 채 인간을 공격한다.

사하라 사막의 대부분 지역과 마찬가지로 야노스 혹은 남아메리카의 최북단 평원들은 열대 지역에 있다. 그럼에도 불구하고 일 년의 절반 동안 이곳들은 다양한 모습을 보여준다. 때로는 리비아의 사막처럼 황폐했다가, 때로는 중부 아시아의 수많은 스텝처럼 초원이 되기도 한다.

어렵기는 하나, 일반 지리학의 유익한 과제는 멀리 떨어진 지대의 자연 특성을 서로 비교하고, 이런 비교의 결과를 대략적으로 서술하는 것이다. 다양한 원인들과 부분적으로는 아직 잘 설명되지 않은 원인들이 신대륙의 건조와 더위를 감소시켜 준다.

수많은 원인으로 인해 신대륙의 평평한 지역은, 습기와 냉기라는 측면에서, 아프리카의 평평한 지역과 놀랍도록 대조적인 기후를 이룬다. 회귀선의 광범위하게 좁다란 – 북쪽 지역에 펼쳐진 좁다란 톱니 모양 – 본토,

---

057 힐래아(Hyläa): 그리스어 hýle 즉 숲에서 유래된 말로, 알렉산더 폰 훔볼트가 만든 개념이다. 아마존 저지대의 비가 많이 오는 열대 삼림 지대를 뜻한다. 영구적으로 습한 열대 지방의 상록수가 풍부하고 구조가 풍부한 삼림을 말하며, 강수량은 2천mm 이상이며 일 년 내내 거의 고르게 내린다.

058 화식조 또는 화식조류: 에뮤, 레아, 타조, 키위 등을 포함하는 주조류(走鳥類)에 속한다. 화식조류에는 오늘날 3종(큰화식조, 파푸아화식조, 작은화식조)이 알려져 있다.

059 Struthio Rhea(American Ostrich): 아메리카 타조를 뜻한다. 투유(Tuyu)는 프랑스어 Touyou를 독일식으로 표기한 듯하나, 이는 검은머리황새로 타조와는 다른 종이다.

이런 곳에서는 대기의 유동적 기반이 더 차갑고 낮은 상승 기류를 만들어 준다. 그리고 열대 지방은 얼음으로 덮인 양극을 향해 넓게 퍼져있다. 탁 트인 대양 위로는 열대의 좀 더 서늘한 해풍이 분다. 동쪽 해안들은 평평하다. 남극대륙에서 몰려오는 차가운 해류는 처음에는 남서쪽에서 북동쪽을 향해 가다가 남위 35도 위도권 아래서 칠레의 해안들에 부딪치고, 페루 해안을 따라 파리냐스 곶[060]까지 북쪽을 향해 밀려가다가 갑자기 서쪽으로 방향을 바꾼다. 샘이 풍부한 수많은 산맥들, 그 눈 덮인 봉우리들은 층층이 쌓인 구름을 뚫고 멀리까지 위로 솟아 있고, 그 비탈들에서 하강 기류들이 일어난다. 수량이 풍부하고 폭이 거대한 강들은 수차례 굽이친 뒤에 항상 제일 멀리 떨어진 해안을 찾아 흐른다. 스텝은 모래가 없어서 덜 뜨겁다. 울창한 숲은 햇빛으로부터 지면을 보호하고, 또한 나뭇잎 표면을 통해 온기를 방사하고, 엄청난 양의 물을 토해낸다. 이 물은 강이 되어 수많은 적도의 평원을 채우고, 산과 바다로부터 가장 멀리 떨어진 내륙 지역으로 부분적으로 스며든다. 수액을 잔뜩 머금은 식물이 울창하게 자라는 이유, 신대륙의 특징인 그 무성함의 이유는 바로 이런 상황들 때문이다.

따라서 우리 지구의 한 부분이 다른 부분보다 대기 습도가 더 높다면, 이런 불일치의 문제는 사물의 현재 상황을 관찰하는 것만으로 충분히 해결할 수 있다. 물리학자는 이러한 자연 현상들의 설명을 지질학적 신화라는 옷으로 덮을 필요가 없다. 태곳적 지구에서 기본 물질들 간의 파괴적인 다툼이 동반부와 서반부에서 다른 시간대에 조정되었다던가, 혹은 물에 덮여 뒤죽박죽인 상태에서 지구의 다른 지역보다 나중에 아메리카가 솟아올랐고, 악어와 뱀이 우글거리는 늪지 섬이었다는 가설은 필요 없다.

---

060 파리냐스 곶: 페루 북부 태평양에 위치한 곶. 행정 구역상으로는 피우라 주에 속하며 남아메리카 대륙 최서단에 위치한 곳이다.

물론 남아메리카는 그 윤곽의 형태와 해안선의 방향을 보면, 구대륙의 서남쪽 반도와 눈에 띄게 유사하다. 하지만 아프리카는 지표의 내부 구조와 여러 대륙과의 상대적 위치로 인해 그 놀라운 건조함이 만들어진다. 거대한 공간 안에서의 이 건조함은 유기적 생명이 생성되기를 기다린다. 남아메리카의 4/5는 적도의 아래편에 있다. 더 많은 수량(水量)과 다양한 여러 원인 때문에 우리가 사는 북반구보다 더 서늘하고 습기가 많은 반구 쪽에 있는 것이다. 이와는 반대로 아프리카의 상당한 부분은 북반구에 속해 있다.

남아메리카의 스텝 즉 야노스를 동쪽에서 서쪽까지 측정하면, 아프리카의 사막들보다 3배정도 작다. 야노스는 열대성 해풍을 맞는데 비해, 아라비아와 페르시아 남부와 동일한 위도권에 있는 아프리카의 사막들은 열기를 방사하는 뜨거운 대륙들을 넘어 불어오는 여러 기층(氣層)과 접촉하게 된다. 오랫동안 진가를 인정받지 못했던 존경할 만한 역사학의 아버지 헤로도토스[061] 역시 이미 폭넓은 자연관의 진정한 정신을 갖고서 북아프리카, 예멘, 케르만[062]과 메크란(그리스인의 게드로시아)[063]의 모든 사막들, 심지어 서남인디아의 물탄[064]까지 기술했다.

우리가 알고 있는 한, 아프리카에는 뜨거운 육풍[065]의 위세가 강한데,

---

061 할리카르나소스의 헤로도토스(기원전 484년경-기원전 425년경): 고대 그리스의 역사가로 서양 문화에서 '역사학의 아버지'로 여겨진다.

062 케르만: 메마른 암석 구릉지대 아래의 모래 평원 위에 자리 잡고 있으며, 고도는 해발 1,749m이다. 북쪽과 동쪽은 산으로 둘러싸여 있으며 기후는 서늘하고 봄과 가을에 모래 폭풍이 자주 일어난다.

063 메크란: 고대 그리스 게드로시아. 반사막 지역. 현재는 파키스탄과 이란에 속해있는 지역으로, 아라비아 해를 따라 펼쳐져 있다.

064 물탄: 파키스탄 펀자브 주의 도시로, 첸나브 강 동안에 위치. 알렉산드로스 대왕이 이곳을 처음 점령했으며 나중에 굽타 제국의 지배를 받게 된다.

065 육풍(land breeze): 늦은 밤 육지에서 바다를 향해 부는 국지풍.

수증기를 내쉬며 냉각 효과를 일으키는 강과 숲과 높은 산맥이 부족하다. 아틀라스 산맥[066]의 서쪽 지역만 만년설로 덮여 있다. 측면에 보이는 그 지역의 좁은 산허리는, 해안을 따라 배를 몰던 옛 사람들한테는 혼자 우뚝 서서 하늘을 떠받치는 모습처럼 생각됐을 것이다. 산맥은 동쪽 다쿨을 향해 뻗어 있는데, 그곳은 지금은 폐허가 되었지만 바다의 지배자 카르타고가 있던 곳이다. 이 산들은 해안을 따라 길게 뻗은 산맥으로서, 또 개툴리족[067]의 장벽으로서, 차가운 북쪽의 기류들을 정체시키고, 그 기류로 인해 지중해에서 올라온 수증기도 저지된다.

옛날 사람들은 달의 산 제벨 알 코므르[068]가 아프리카의 키토[069]인, 하베시[070] 고원과 세네갈의 수원지들 사이에 병행을 이루는 산이라는 허황된 이야기를 만들어냈고, 이 산이 설선(雪線)[071] 위쪽으로 솟아 있다고 믿었다. 페루 서부 해안의 안데스 산맥처럼 모잠비크와 모노모타파[072]의 동쪽

066 아틀라스 산맥: 아프리카 북서부에, 모로코 · 알제리 · 튀니지에 걸쳐 동서로 뻗은 산맥으로, 길이는 약 2,400km이다. 가장 높은 산은 높이 4,167m의 투브칼 산이다. 아틀라스 산맥은 지중해와 대서양으로부터 사하라 사막을 가로막고 솟아 있다.

067 개툴리(Gaetuli)족: Getulia(마그레브의 고대 이름)에 거주 하는 고대 베르베르 부족의 로마식 이름.

068 저자는 해설에서, "프톨레마이오스가 묘사한 달의 산은 옛날 지도에서 거대하게 이어지는 산줄기를 형성하며 아프리카 전체를 동쪽에서 서쪽으로 횡단한다. 이 산의 존재는 확실해 보이지만, 그것의 연장, 적도로부터의 거리와 평균적인 방향은 여전히 문제가 있다"고 설명한다.

069 키토(Quito): 에콰도르의 수도로 적도 가까이에 위치하고 있지만, 안데스 산맥의 산중턱에 있기 때문에 비교적 시원하다.

070 하베시 고원: 아프리카 동부 에티오피아의 고원으로 아비시니아 고원이라고도 한다.

071 설선: 만년설이 쌓여있는 부분과 그렇지 않은 부분의 경계를 말한다. 적도 지대에서는 약 4,200m 이상, 히말라야에서는 해발 약 5,000m 이상, 알프스에서는 약 2,800m 이상, 남극 대륙에서는 해면(海面).

072 모노모타파(포르투갈어: Monomotapa, Empire of Great Zimbabwe): 무타파 제국를 가르키는 포르투갈어. 1250년부터 1629년까지 남아프리카 인근에 현재의 짐바브웨와 모잠비크의 영

해안을 따라 뻗어 있는 루파타[073] 산맥에서도 금이 풍부한 마칭가[074]와 모캉가에는 눈이 덮여 있다. 그러나 물이 풍부한 이 산들은 아틀라스 산맥의 남쪽 경사에서부터 동쪽으로 흐르는 니제르 강[075]까지 펼쳐져 있는 거대한 사막들과는 아주 멀리 떨어져 있다.

아마 아프리카 평원의 상당 부분을 끔찍한 사막으로 변화시킨 건조와 열기의 원인을 하나씩 나열하는 것으로는 충분하지 않을지도 모른다. 그렇다면 예를 들어 대양(大洋)의 침수와 같은 종류의 자연의 격변이 언젠가 이 평평한 지역에서 수목이 우거지고 영양이 풍부한 옥토를 빼앗아 버렸다고 생각할 수도 있다. 정확히 이런 현상이 언제 일어났는지, 어떤 힘이 이것을 발생시켰는지는 태고의 어둠 속에 깊이 감춰져 있다. 어쩌면 이 현상은 거대한 회오리바람의 결과였을지도 모른다. 그리고 훨씬 더 따뜻한 멕시코의 해수를 뉴펀들랜드 섬의 모래톱을 지나 구대륙으로 몰아간 것도, 서인도제도의 코코넛과 여러 가지 다른 열대 과일을 아일랜드나 노르웨이에 도착하게 한 것도 이 회오리바람이었다. 적어도 이러한 해류의 한 지류는 지금도 여전히 아소르스 제도[076]에서부터 동남쪽으로 흐르며 선원

역을 차지하던 중세 제국이다. 현재 짐바브웨와 모잠비크에 해당한다. 이들의 영토는 종종 음웨네 마타파 제국 또는 줄여서 마타파 제국이라 불렸으며, 짐바브웨로 알려진 유적지(지금의 짐바브웨 남동부 지역)와 관련되어 있다.

073 루파타(Lupata): 앙골라 잠비아 국경지대에서 발원하여 잠비아와 짐바브웨의 국경선을 형성하여, 모잠비크 해협에 흘러들어가는 잠베지 강 유역의 지역.

074 마칭가 현(Machinga District): 말라위 남부 주에 위치한 현으로 모잠비크와 국경을 맞대고 있다.

075 니제르 혹은 나이저 강(Niger River): 길이는 4180km의 서아프리카의 강으로 아프리카에서 나일 강과 콩고 강에 이어 세 번째로 긴 강이다. 기니 동남부의 기니 고원에서 발원하여 말리와 니제르를 지나 베냉의 국경을 거쳐 나이지리아까지 흐른다.

076 아소르스 제도(포르투갈어: Açores) 또는 아조레스 제도(영어: Azores): 포르투갈령의 해외 섬.

을 불행에 빠뜨리고, 아프리카의 서쪽 사구 해안에 부딪치고 있다. 모든 해안들(아모타페와 코킴보 사이의 페루 해안들이 떠오른다)을 보면, 어떤 이끼류도 또 다른 지의류도 싹을 틔지 못하고, 비가 내리지 않는 그 뜨거운 지대의 유동적인 모래는, 식물의 뿌리가 내리기 이전의 수백 년, 어쩌면 수천 년이 어떻게 지나갔는지를 보여준다.

이러한 관찰들은 대륙 형태의 외적인 유사성에도 불구하고, 아프리카와 남아메리카가 어째서 가장 상이한 기후적 특성을 지니는지, 그리고 가장 상이한 식생(植生)을 보여 주는지 충분히 설명해준다.

그런데 남아메리카의 스텝이 비옥한 땅으로 된 얇은 외피로 덮였다 해도, 또한 주기적으로 내리는 비 덕분에 무럭무럭 자란 풀들로 덮였다고는 해도, 인접 지역의 부족들이 카라카스의 아름다운 계곡들과 해안가와 오리노코 강의 지역을 버리고, 나무도 없고 수원(水原)도 없는 황무지에 헌신할 마음을 먹을 정도로 매혹적이지는 않았을 것이다. 그래서 유럽과 아프리카 이주민이 도착했을 때, 스텝은 거의 사람들이 없는 상태로 발견되었다.

물론 야노스는 가축 사육에 적합하다. 하지만 젖을 제공하는 가축을[077] 키우는 일은 신대륙 원주민들에게는 거의 알려져 있지 않았다. 아메리카 부족 중 어느 부족도 이런 관점에서는 자연이 그들에게 제공할 장점을 이용할 줄 몰랐던 것이다. 아메리카에 사는 인종(에스키모는 제외하고, 위도 65도에서 55도까지에 사는 인종)은 수렵 생활에서 목축 생활의 단계를 거치지 않고 농업으로 넘어갔다. 힐라 강가[078]의 황무지에 버려진 채 우뚝 솟아 있는

077 아메리카 들소(Bos americanus)와 사향소(Bos moschatus).

078 힐라 강(Gila River): 미국 뉴멕시코 주 남서부 엘크 산맥의 힐라 클리프 드웰링스 국립기념물 근처에서 발원하는 강.

아즈텍(아메리카의 팔미라[079])의 거대한 잔해 주변에서처럼, 서부 캐나다 초원, 쿼비라에서 두 종류의 토종 들소들이 풀을 뜯고 있다. 양의 조상과 유사하게 생긴 긴 뿔의 무풀론 양[080]은 황량하고 헐벗은 캘리포니아의 석회암 지역을 무리지어 다닌다.

남쪽의 반도에는 비쿠냐[081], 우아나코[082], 알파카와 라마와 같은 토종 동물이 살고 있다. 하지만 이 유용한 동물들 중 아메리카들소와 사향소만 수천 년 동안 자연의 자유를 누렸다. 곡물 가루가 풍부한 풀 종류를 소유하고 재배하는 것처럼, 우유와 치즈를 즐기는 것은 구대륙의 민족을 타민족과 구분 짓는 특징이다.

따라서 이 민족들로부터 몇몇 부족이 북아시아를 거쳐 아메리카의 서부 해안으로 이동했고, 그들이 냉기를 좋아해서 남쪽으로 향하는 높은 안데스 산맥의 등마루를 따라왔다면, 분명 가축 무리나 곡물이 새 이주자와 함께 갈 수 없는 그런 길들에서 이런 이동이 일어났을 것이다. 오랫동안 세상을 떨게 했던 흉노족이 몰락했을 때, 이 강력한 종족이 천천히 나아가면서 중국과 한국의 북아시아에서도 민족 이동을 유발시켰고, 이때 수준 높은 아시아인들이 신대륙으로 이동한 것은 아닐까? 만약 이들 신참자가 농업이 행해진 적이 없는 스텝의 거주자가 되었다면, 이 대담한 가설은 언어 비교를 통해서는 지금까지 별로 긍정적이지 않았지만, 적어도 아메리카에

---

079 팔미라: 고대 시리아의 도시. Tadmur, Tadmor, Tudmur라고도 한다. 고대 로마의 식민지로 오래된 유적이 많다.

080 무풀론 양: 포유강 소목 소과에 속하는 척추동물. 학명은 'Ovis musimon'이다. 크기는 약 1.1-1.3m, 무게는 약 25-55kg이며 야생 양 중에서는 몸집이 가장 작다. 원산지는 유럽이다.

081 비쿠냐: 낙타과에 속한 포유동물.

082 우아나코(Huanaco): 구아나코(guanaco). 낙타과의 한 종으로, 남아메리카의 산지에 서식한다.

서 토종 곡물이 눈에 띄게 적다는 사실은 설명할 수 있을 것이다. 신비한 몽상으로 인해 먼 항해를 했던 아시아의 사제 집단 중 하나가 폭풍우에 휩싸여 뉴캘리포니아의 해안에 정착했을 것이다. 이들 집단에 대해서는 진시황제 시대의 일본 주민의 역사가 생각해볼 만한 예를 전해준다.

그러므로 목축 생활, 즉 풀이 풍부한 토지에 유목 수렵 집단을 정착하게 하고 동시에 농업을 하게끔 만든 이 유익한 중간 단계는 아메리카 원주민에게는 알려져 있지 않았다. 남아메리카의 스텝에 인간이 살지 않는 이유는 바로 이런 목축 생활을 몰랐기 때문인 것이다. 이런 상태에서 자연의 힘들은 다양한 동물의 형태로, 오리노코 강가 숲들의 식생(植生)처럼, 자유롭게 그저 자신에 의해서만 한계가 지워진 상태로 발전했다. 이곳에서 하이메니아[083]와 거대한 월계수 줄기에 위협을 가하는 것은 인간의 파멸적인 손길이 아니라, 울창한 덩굴식물들이 나무를 덮어버리는 것이다. 아구티[084], 작은 얼룩 반점이 있는 사슴, 지하 동굴에 있는 토끼, 쥐처럼, 깜짝 놀라게 만드는 갑옷을 입은 아르마딜로, 굼뜬 카피바라의 무리, 대기를 악취로 가득 채우는 아름다운 줄무늬의 야생 고양이, 갈기 없는 거대한 사자, 지친 어린 황소를 언덕 위로 끌고 가려는 얼룩무늬 재규어(대개 타이거라고 부른다), 이런 모습의 동물들이 그리고 이들과는 아주 많이 다른 모습의 동물들이 나무 없는 평원을 이리저리 헤맨다.

거의 이런 동물들만 살 수 있는 이 평원에, 그렇지 않아도 (아시아와 인

---

083 Hymenäe: 영어로는 Hymenaea. 남아메리카체리, 브라질체리, 메뚜기나무라고도 불리는 콩과의 나무. 열매 꼬투리의 식용 펄프에서 불쾌한 냄새가 나며, 열매는 메뚜기(locust)라고 불리며 원주민의 중요 식품이었다.

084 아구티: 아구티과 아구티속 동물이다. 몸길이가 60cm이고 귀는 작고 둥글며 다리는 길고 뛰는 모습이 사슴과 닮았고 꼬리는 아주 짧거나 없다. 털은 갈색, 흑갈색 또는 오렌지색이다. 등은 회색이다. 나무의 열매 · 잎 · 뿌리를 먹고 새끼는 한배에 두 마리를 낳는다.

디안 생활 방식에 따라) 식물성 양식을 더 좋아하는 유목민 무리는, 모리티아 야자[085]가 여기저기 서 있지 않았더라면 정착하지 못했을 것이다. 이 유익한 생명의 나무의 장점은 널리 알려져 있다. 이 나무 혼자 오리노코 강의 발원지 즉 시에라 데 이마타카의 북쪽에서, 구아라니족[086]의 정복되지 않은 국민을 먹여 살린다. 이 부족의 수가 늘어 북적이게 되자, 그들은 잘라낸 야자 기둥 위에 수평으로 댄 판자를 바닥으로 삼은 오두막을 높이 올렸을 뿐만 아니라, (전설에 따르면) 모리티아 야자 잎줄기로 엮은 그물 침대를 기술적으로 이 줄기 저 줄기에 묶었다. 삼각주가 범람하는 우기 때 원숭이처럼 나무 위에서 살기 위해서였다. 공중에 떠 있는 이 오두막들의 일부를 점토로 덮었다. 축축한 깔개 위에서 여인들은 집안일을 위해 불꽃을 살렸다. 밤에 강 위를 지나는 사람은 허공 높이 땅과 분리된 오두막에서 불꽃이 일렬로 활활 타오르는 것을 보았다. 점토 위를 민첩하게 달리는 덕분에 그리고 반유동적인 약한 습지와 나무 위의 거주지 즉 일종의 높은 공화국 덕분에, 구아라니족들은 지금도 육체적인 어쩌면 정신적인 독립을 보존하고 있다. 종교적 열정도 절대 아메리카의 주두행자[087]를 이런 곳으로 이끌지는 않을 것이다.

그런데 모리티아 야자는 안전한 거주지뿐만 아니라 다양한 음식도 베풀어 준다. 야자나무의 수나무에서 여린 꽃대가 피어나기 전에 즉 식물의

---

085 모리티아(Mauritia) 야자: 이테야자(Mauritia flexuosa). 남미의 늪지대와 기타 습한 지역에서 자란다.

086 독일어로는 Guaraunen, 영어로는 Guaranes로 번역되어 있다. 스페인어 Guaraní의 복수 Guaraníes로 짐작된다. 이 부족은 우리말로 과라니 족으로 통용되나, 스페인어 발음 표기법에 따르면 '구아라니'임으로 이렇게 표기한다. 브라질, 볼리비아, 파라과이, 아르헨티나에 걸쳐 살았던 선주민으로, 현재도 생존해 있다.

087 주두행자: 혹은 주두성자. 중세에 기둥 위에 앉아 금욕 · 고행한 사람.

이런 변태 시기에만 목수(木髓)[088]에서 사고[089]와 같은 녹말을 얻을 수 있다. 야트로파[090] 뿌리에서 나오는 가루처럼, 사고녹말도 나무를 빵처럼 얇게 자른 조각에서 건조시켜 만든다. 발효된 나무즙은 구아라니족의 달콤하고 독한 야자 술이 된다. 불그레한 전나무 솔방울처럼 생기고 비늘이 촘촘한 과일들은 바나나와 열대 지방의 거의 모든 과일처럼 먹을거리를 다양하게 제공한다. 사람들은 과일 당분이 완전히 숙성된 뒤에 혹은 그 이전, 녹말이 함유된 상태에 따라 과일들을 먹는다. 이렇게 인간 정신문화의 최저 단계에서는 (꽃 한 부분 한 부분에 자리 잡고 사는 곤충과 마찬가지로) 온 부족의 존재가 거의 나무 한 그루에 묶여있다는 것을 알게 된다.

신대륙이 발견된 이후 평원(야노스)은 인간이 거주할 수 있게 되었다. 해안과 기아나(오리노코 강 지역) 사이의 교통을 쉽게 하기 위해 스텝의 강가 여기저기에 도시들이 세워졌다. 굉장히 넓은 지역 어디에나 목축이 시작되었다. 갈대와 끈으로 엮고 소가죽을 덮은 오두막들이 하루 정도 걸리는 거리에 띄엄띄엄 서 있다. 수많은 들소, 말, 당나귀(내 여행 중 평화로운 시기에는 그것들이 백오십만 마리까지 있던 적도 있었다)들이 스텝 이곳저곳을 떼지어 다닌다. 이 지역에서는 이 동물들이 싸워야 하는 위험들이 그렇게나 다양한데, 구대륙에서는 이들의 수가 엄청나게 증가하다니 정말 놀랍다.

절대로 구름에 가려지지 않고 수직으로 내리꽂히는 햇살 아래서 잔디가 숯이 되고 먼지가 되어버리면, 굳어진 대지는 마치 강력한 지진에 흔들

088 목수(木髓): 풀이나 나무의 줄기 한가운데에 있는 연한 심.

089 사고(sago): 사고야자에서 채취한 녹말을 말한다. 채취하기 위해서는 줄기가 꽃을 피우기 직전에 베어 원줄기 속의 녹말 등의 영양물질이 가득 찬 조직을 긁어내 통에 넣고 물을 담아둔다. 그러면 한참 후에 녹말만 물에 가라앉는데 위에 뜬 맑은 물을 버리고 녹말을 말리면 새하얀 쌀같이 된다.

090 야트로파 쿠르카스(J. curcas): 중앙아메리카에 분포하는 교목으로 높이가 6m이고 잎이 3-5개로 갈라지며 노란빛이 도는 녹색 꽃을 피운다. 뿌리에 녹말이 많은 품종은 식용한다.

리기라도 한 듯 균열이 생긴다. 그런 뒤 반대 방향에서 불어오는 기류들이 서로 부딪치면 회오리를 만들다가 수그러진다. 회오리가 잔디를 건드리면 평원은 기이한 풍경을 보여준다. 그 뾰족한 부분이 대지 위를 미끄러지듯 흘러가는 깔때기 모양의 구름처럼 생기고, 공기가 희박하고 전기를 품은 회오리바람의 가운데를 통해 모래가 증기처럼 위로 솟구친다. 마치 수면 위에 물기둥을 일으키는 맹렬한 회오리바람과 같다. 노련한 선원은 이 바람을 두려워한다. 뿌옇게 빛나는 거의 밀짚색깔이 나는 흐릿한 빛이 이제 언뜻 보기에도 더 낮아진 천장을 황량한 평야 위에 펼친다. 지평선이 갑자기 더 가깝게 다가온다. 지평선은 방랑자의 기분처럼 스텝을 좁게 만든다. 안개처럼 흐릿한 분위기 속에서 흔들거리는, 뜨겁고 먼지 가득한 대지는 숨이 막힐 것 같은 대기의 온기를 증가시킨다. 동풍이 오랫동안 달궈진 대지 위를 불어오면, 그 바람은 대기를 식히는 대신 새로운 열기를 가져온다.

잎이 누렇게 변한 야자가 웅덩이의 물이 기화되는 것을 막아 주었지만, 이제 웅덩이들도 점차 사라진다. 살을 에이 듯 추운 북쪽에서는 동물들이 한기로 몸이 굳듯이, 이곳에서는 악어와 보아 뱀이 바싹 마른 점토 속 깊이 몸을 묻은 채 꼼짝도 않고 잠을 자고 있다. 가뭄이 사방에서 죽음을 알린다. 게다가 굴절된 광선의 어른거림 속에서 파도가 넘실대는 수면을 보는 듯한 착각이, 갈증 난 사람을 어디서나 따라다닌다. 가느다란 대기층이 멀리 있는 야자 숲을 지면과 분리한다. 숲은 동일하지 않은 기온과 또한 동일하지 않은 밀도의 대기층에 접해 있어서, 그 이음새 때문에 위로 솟아 둥둥 떠 있는 것처럼 보인다. 시커먼 먼지구름에 뒤덮이고 굶주림과 타는 듯한 갈증에 겁을 먹은 채, 말과 소들이 이리저리 배회한다. 소들이 묵직하게 울부짖고, 말들은 바람을 향해 목을 길게 빼고 숨을 헐떡인다. 혹시 완전히 말라붙지 않은 웅덩이가 가까이 있는지 기류의 습기를 통해서 알아내려는 것이다.

노새들은 의젓하면서도 교활하게 다른 식으로 갈증을 달래려고 한다. 공처럼 둥근 모양에, 두드러진 잎맥이 많은 식물인 멜로캑터스는 가시가 많은 껍질 아래에 물이 풍부한 과육을 가두어 두고 있다. 노새는 앞발로 이 멜로캑터스의 가시를 옆으로 젖힌 뒤, 조심스레 주둥이를 대고는 차가운 선인장 즙을 빨아 먹으려 한다. 하지만 이 살아 있는 식물의 샘에서 물을 빨아 먹는 일이 늘 안전하지는 않다. 종종 발굽에 박힌 선인장 가시 때문에 마비된 동물을 볼 수 있다. 한낮의 타는 듯한 열기가 지나면 이곳에는 언제나 똑같이 긴 밤이 찾아오지만, 그래도 소와 말들은 휴식을 누릴 수가 없다. 자고 있는 동안 수도 없이 많은 박쥐들이 뱀파이어처럼 그들의 피를 빨아 먹거나, 등에 꽉 달라붙어 상처를 내 곪게 만들어, 모기와 이파리과[091]와 쏘는 곤충 무리가 들끓게 만들기 때문이다. 그렇게 태양의 열기로 대지에 물이 마를 때면 동물들은 고통스러운 삶을 이어간다.

드디어 긴 가뭄 뒤에 고마운 우기가 오면, 스텝에서는 장면이 급격히 바뀐다. 그때까지 구름 한 점 끼지 않던 하늘의 깊은 푸른빛이 점점 옅어진다. 밤에는 남십자성의 별자리에서 검은 공간을 거의 알아볼 수 없게 된다. 마젤란은하[092]의 부드럽고 인광체와 같은 약한 광채가 사라졌다. 독수리자리[093]와 땅꾼자리[094] 같은 수직 별자리도 행성 같지 않게 떨리는 빛을

091 이파릿과(Hippoboscidae): 파리목의 한 과로 이와 비슷하게 생겼다. 날개가 퇴화한 것이 많으며, 주로 동물에 붙어 피를 빨아 먹는다.

092 마젤란은하: 우리 은하계에 가장 가까이 있는 2개의 부정형 성운으로, 구름처럼 보인다고 해서 오랫동안 마젤란 성운(Magellanic cloud)이라고 한다.

093 독수리자리: 프톨레마이오스 때부터 채택된 오래된 별자리이며 여름 하늘 남쪽 은하수의 중심에 자리를 잡고 있다. 그중 가장 밝은 알타이르는 나는 독수리란 뜻이며 이 근처에 성운과 성단을 아주 많이 볼 수 있다.

094 땅꾼자리: 뱀주인자리라고도 한다. 뱀을 들고 있는 형상의 별자리로, 프톨레마이오스의 48별자리 중 하나였다. 황도대에 있어 황도 13궁이라고 불리기도 한다.

던진다. 멀리 떨어져있는 산맥 같은 형태의 소량의 구름이 수직으로 지평선에서 솟아오르며 남쪽에 모습을 드러낸다. 늘어난 증기가 안개처럼 서서히 천장 위로 퍼진다. 멀리서 울리는 천둥이 활력을 줄 비를 예고한다.

대지의 표면이 물에 젖자마자, 향기를 내뿜는 스탭은 킬링가[095]와 원추화서의 참피 속 그리고 다양한 풀들로 덮인다. 빛에 자극을 받아 잎이 열리어, 풀처럼 보이는 미모사 나무는 고개를 숙인 채 잠에 빠진 나뭇잎들을 펼치며, 새들의 이른 노래와 수경식물의 열린 잎들처럼 떠오르는 태양을 향해 인사를 한다. 말과 소들은 이제 삶의 기쁜 즐거움을 누리며 풀을 뜯는다. 위로 높이 자란 풀이 아름다운 얼룩무늬의 재규어를 숨겨준다. 확실하게 몸을 숨기고 사냥감을 노리며, 몇 번 뛰어야 하는지 거리를 조심스레 측량하는 재규어는 아시아의 타이거가 그러듯 고양이처럼 날쌔게 지나가는 동물들을 잡는다.

(원주민들의 말에 따르면) 가끔 늪 가장자리에서 축축한 점토가 천천히 흙덩이처럼 솟아오르는 것을 볼 수 있다. 작은 진흙 화산[096]이 폭발할 때처럼, 큰 소리가 나면서 파헤쳐진 땅이 격하게 허공으로 높이 내던져진다. 이런 모습에 대해 잘 알고 있는 사람은 이 현상을 피한다. 왜냐하면 비가 처음 쏟아지면 가사 상태에서 깨어난 거대한 물뱀이나 갑옷을 입은 악어가 구덩이에서 불쑥 튀어나오기 때문이다.

평원 남쪽에 경계를 이루며 흐르는 강들이 이제 점차 불어난다. 그렇게 자연은 일 년의 첫 절반 동안에는, 물이 마르고 먼지투성이인 땅 위에서

---

095 Kyllingien: 영어로는 'Kyllingiae'로 번역되었으나 정확한 학명은 찾을 수 없다. 사초과의 킬링가(뾰족한 잎을 가진 식물로, 열대 및 따뜻한 온대 지역, 특히 열대 아프리카에 서식)가 가장 유사하여, 이 명칭으로 번역한다.

096 진흙화산 혹은 이화산: 가스가 섞인 진흙이 솟아오르면서 만든 언덕이다. 생김새가 실제 화산들과 거의 동일하다. 생성 방법은 대부분 성층화산식으로 생성이 된다.

갈증에 고생하며 죽어가던 바로 그 동물에게 양서류로 살아가라고 강요한다. 스텝의 한 지역은 지금은 끝없는 호수처럼 보인다. 어미 말들은 새끼들과 함께 섬처럼 호수 위에 솟아 있는 높은 사주 위로 이동한다. 매일 점점 건조한 지역이 줄어든다. 목초지가 부족한 탓에 몰려든 동물들은 몇 시간이고 이리저리 헤엄치며, 갈색으로 부글거리는 물 밖으로 피어나는 풀들의 꽃차례로 근근이 양분을 취한다. 수많은 어린 새끼들이 물에 빠져 죽었고, 또 많은 어린 새끼들은 피할 겨를도 없이 악어들에게 붙잡혀 톱니 같은 꼬리에 박살이 나 잡아 먹혔다. 피에 굶주린 이 거대한 도마뱀의 쩍 벌린 입에서 빠져나오기는 했지만, 넓적다리에는 날카로운 잇자국이 난 말과 소를 어렵지 않게 볼 수 있다.

그런 광경을 보면서 진지한 관찰자는 저도 모르게, 모든 것을 탈취하는 자연이 어떤 동물과 식물에게 부여한 적응력에 대해 생각한다. 케레스 여신[097]의 녹말이 풍부한 곡물이 그랬듯이, 황소와 말은 온 지구를, 갠지스 강에서부터 라플라타 강[098]까지, 아프리카의 해안에서부터 테네리파[099]에 있는 원추형 산[100]보다 더 높은 곳에 있는 안티사나[101]의 고원 평야까지 인간을 따라다녔다. 이곳에서는 북쪽의 자작나무가, 저쪽에서는 대추야자

---

097 케레스(Ceres): 로마 신화에 등장하는 곡물의 여신. 그리스 신화의 데메테르와 동일시된다.

098 라 플라타 강(스페인어: Río de la Plata, '은의 강'): 우루과이 강과 파라나 강이 합류하여 대서양으로 흘러드는 남아메리카의 삼각강이다. 아르헨티나와 우루과이의 국경을 이루며, 강 남측에는 아르헨티나의 수도인 부에노스아이레스가, 북측엔 우루과이의 수도인 몬테비데오가 있다.

099 테네리파/테네리페 섬: 스페인의 카나리아 제도에서 가장 큰 섬으로 면적은 2,034.38km^2이다.

100 테이데(스페인어: Teide) 봉을 말한다. 이 봉우리는 대서양에 위치한 스페인 카나리아 제도의 테네리페섬 중앙에 솟아 있는 산으로, 스페인뿐만 아니라 대서양의 섬 중에서도 가장 높은 봉우리이다.

101 안티사나(Antisana): 에콰도르 북부 안데스 산맥의 성층화산으로 5,753m. 에콰도르에서 네 번째로 높은 화산이며 수도 키토에서 남동쪽으로 50km 떨어져 있다.

나무가 피곤한 황소를 한낮의 햇살로부터 보호해 준다. 이 동물은 유럽에서는 곰과 늑대와 싸우더니, 다른 하늘 아래에서는 타이거와 악어의 공격에 위협을 받는구나!

하지만 남아메리카의 말들을 뒤쫓는 것은 악어와 재규어뿐만이 아니다. 물고기들 중에서도 이들에게 위험천만한 적이 되는 것들이 있다. 베라와 라스트로의 늪지는 수많은 전기뱀장어가 우글거린다. 점액으로 덮여 있고 누런 점이 박혀 있는 그것들은 몸통 어느 부분에서나 마음대로 충격적인 힘을 발사할 수 있다. 이 전기뱀장어는 길이가 5내지 6피트나 된다. 이들은 아주 힘이 강해서, 신경이 많은 자신들의 신체 조직을 단번에 제대로 된 방향으로 방전시키면 가장 큰 동물들도 죽일 수 있다. 우리투쿠의 스텝에 난 길은 분명히 예전에 바뀌었을 것이다. 왜냐하면 강의 얕은 부분에는 매년 많은 말들이 쇼크로 인해 물에 빠져죽을 정도로, 작은 강에 그렇게나 많은 전기뱀장어가 우글거렸기 때문이었다. 다른 모든 물고기들도 이 무시무시한 뱀장어 근처에서 달아나 버린다. 잡고 있는 축축한 낚싯줄을 통해 멀리서부터 진동이 전달되면, 높은 강가에서 낚시를 하는 사람들조차도 전기뱀장어에 놀라곤 한다. 그렇게 전기를 띤 불이 물 한가운데서 뿜어 나온다. 전기뱀장어 잡기는 그림 같은 구경거리를 제공한다. 이 겁 없는 물고기가 익숙지 않은 소음에 자극받아 공격할 때까지, 늪지로 노새와 말을 몰아댄다. 늪지 주변은 원주민들이 빽빽이 에워싸고 있다. 그러면 전기뱀장어들이 뱀처럼 물 위에서 헤엄을 쳐, 교활하게 말들의 배 아래에 몰려드는 것을 볼 수 있다. 눈에 보이지 않는 강력한 타격에 말 여러 마리가 쓰러진다. 다른 말들은 갈기를 곤두세우고 헐떡이며, 희번덕대는 눈에는 거친 두려움을 담은 채 미쳐 날뛰는 노도를 피해 달아난다. 하지만 긴 대나무 막대기로 무장한 원주민들은 말들을 웅덩이 한가운데로 다시 몰아넣는다.

불공평한 싸움의 분노는 차츰 진정된다. 피곤해진 물고기들은 방전된 구름처럼 흩어진다. 그것들은 갈바니[102]적 에너지에 소비한 것을 다시 모으기 위해 긴 휴식과 충분한 음식이 필요하다. 이제 뱀장어들의 몸부림이 점점 약해지고 또 약해진다. 말이 발을 구르는 소리에 놀라서 뱀장어들은 겁을 먹고 웅덩이 가장자리로 다가오고, 그곳에서 작살에 상처를 입은 채, 전기가 통하지 않는 가는 막대기에 의해서 스텝으로 끌려 나온다.

이것이 말과 물고기의 기이한 싸움이다. 이 수중 거주자의 눈에 보이지 않는 살아 있는 무기인 그것, 축축하고 서로 다른 부분들의 접촉을 통해 발생되어 동물과 식물의 모든 조직 안에서 휘몰아치는 그것, 먼 하늘 한구석을 천둥처럼 불타오르게 하는 그것, 쇠와 쇠를 연결하고 자침(磁針)의 조용한 반복 과정을 이끄는 그것인, 이 모든 것은 분산된 광선의 색채처럼 하나의 원천에서 흘러나오고, 모든 것은 사방으로 퍼져나가는 영원한 힘에 합류한다.

이제 스텝의 자연 풍경을 감히 묘사하려는 시도를 그만두어야 할 것 같다. 그러나 대양 한가운데서는 일반적으로 먼 해안의 모습들에 대해 상상을 펼치는 것처럼, 우리 역시 거대한 평원이 눈앞에서 사라지기 전에, 그 이전에 스텝과 경계를 이루는 여러 지대에 스치듯 눈길을 던진다.

아프리카의 북쪽 사막들은 두 인종을 갈라놓는다. 이 사람들은 원래 그 지역에 살던 사람들이고 그들 사이의 해소될 수 없는 갈등은 오시리스와 티폰[103]의 신화만큼이나 오래된 것으로 보인다. 아틀라스의 북쪽에는 피

102 루이지 갈바니(Luigi Aloisio Galvani, 1737-1798): 이탈리아의 해부학자이자 생리학자. 개구리 뒷다리에 전기가 흐르는 금속이 닿으면 경련을 일으킨다는 것을 시작으로 한 일련의 이론을 정립했는데, 이를 동물 전기 이론-갈바니즘이라고 부른다. 비록 그의 동물 전기 이론은 틀렸음이 밝혀졌지만 이를 통해서 볼타가 전기가 생기는 원리를 발견하고 전지를 만드는 계기가 되었다.

103 오시리스와 티폰: 오시리스는 사자(死者)와 부활의 신. 이집트 신화에서 중요한 위치를 차지하고

부는 황색이고 코카서스인[104]의 얼굴 형태에 직모를 길게 늘어뜨린 민족들이 산다. 반대로 세네갈 남쪽, 수단 방향에는 흑인 무리가 사는데, 이들은 문명의 다양한 단계에서 목격된다. 중앙아시아에는 몽골의 스텝에 의해 시베리아의 야만이 힌두스탄 반도의 오래된 인류 문화와 분리되어 있다. 남아메리카의 평원 역시 절반은 유럽식의 문화를 가진 지역과 경계를 짓고 있다. 북쪽, 베네수엘라의 산맥과 앤틸리스 해 사이에는 상업에 종사하는 여러 도시, 깨끗한 마을과 주도면밀하게 경작한 평야들이 서로 잇닿아 있다. 예술적 감각, 학술적 교양과 시민의 자유에 대한 고귀한 사랑도 오래전에 그 안에서 싹텄다.

남쪽으로는 스텝이 으스스한 황무지를 에워싸고 있다. 수천 년 된 숲들, 빽빽한 밀림이 오리노코 강과 아마존 강 사이의 습지대를 채우고 있다. 납빛의 거대한 화강암 덩어리들이 거품을 내며 흐르는 강바닥을 좁게 만든다. 떨어지는 물이 내는 천둥과 같은 소리, 타이거 같은 재규어의 울부짖음, 수염 난 원숭이가 비를 알리는 소리를 산과 숲들이 되받아친다.

얕은 강이 모래톱을 남겨둔 곳, 그곳에는 종종 새들로 뒤덮인 채, 입을 벌리고 바위처럼 꼼짝도 않고 숨어 있는 악어들의 육중한 몸통이 누워 있다. 체스보드 같은 얼룩무늬의 보아 뱀은 꼬리를 나뭇가지에 고정시키고

있는 신으로 한때 이집트를 지배하는 신왕(神王)이었다. 오시리스, 이시스, 세트(헬레니즘 시대에 '티폰'으로 이름 바뀜), 네프티스 이렇게 4남매 중 맏형으로, 여동생인 이시스를 아내로 맞이하고 이집트의 왕이자 신으로서 군림해 사람들의 절대적인 지지를 받았다. 그러나 이를 시기한 남동생 세트에게 모살당해 13토막이 나며 죽음을 맞이하는데, 여동생이자 아내인 이시스와 여동생 네프티스, 아누비스가 근성으로 시체 조각을 다 찾아서 마법으로 되살려주어 나중에는 죽은 자의 나라인 두아트(Duat)의 왕이 되었다.

104 코카서스인: 유럽을 중심으로 아메리카 · 서아시아 · 남아시아 · 오세아니아(오스트레일리아, 뉴질랜드, 동아시아) 등에 사는 인류 집단. 피부색은 백색부터 담갈색(淡褐色)까지 다양하며 두발은 블론드 내지 진한 갈색, 빨간색, 적갈색, 검정으로서 직상모(直狀毛) 내지 파상모이다.

똬리를 틀고 있다. 분명 노획물을 노리며 강가에 매복하고 있는 중이다. 그러다가 재빨리 똬리를 풀어 몸을 뻗어서는 얕은 물가에 있는 어린 황소나 좀 더 약한 사냥감을 덮쳐, 침으로 덮인 노획물을 부풀린 목 안으로 꾸역꾸역 밀어 넣는다.

이 거대하고 거친 자연 속에는 다양한 종족의 인간이 살고 있다. 몇몇 유목 민족(오토마크 족[105]과 하루레[106] 족 등)이 놀라울 정도로 서로 다른 언어로 나뉘고, 농경에 대해서는 전혀 모르는 상태로 개미나 나무의 진과 흙을 먹고 산다. 이들은 인류의 찌꺼기[107]이다. 재배한 열매를 식량으로 삼으며 영리하고 좀 더 온유한 풍습을 갖고 있는 다른 종족도 정착해 있다(마키리타레 족[108]과 마코 족). 카시키아레[109] 운하와 아타바포 강[110] 사이의 거대한 지역들은 맥과 무리지어 사는 원숭이들뿐, 인간은 살지 않는다. 바위에 새겨진 그림들이 이 황무지도 한때는 높은 문명의 중심지였다는 것을 증명한다. 인간의 가장 오래되고 가장 변함없는 역사적 기념비에 속하는, 서로 다르게 발달한 다양한 언어가 보여 주 듯이, 그 그림들은 여러 종족들의 변

---

105 오토마케 혹은 오토마코(복수로는 Otomaken, Otomacos): 영어로는 Ottomaks로 번역되었다. 베네수엘라의 종족으로 20세기 초반 사라졌다. 알렉산더 폰 훔볼트는 이들의 풍속을 기록했다. 이들은 야노스에, 주로 오리노코 강 강 북부 지역에 살았으며 사냥과 채집을 했다.

106 Jaruren: 영어로는 Jarures. 따라서 단수는 Jarure로 추측된다. 이 책의 다른 명사처럼 스페인어 발음으로 표기한다.

107 알렉산더 폰 훔볼트는 원시 상태의 이 종족에 대해 "Auswurf der Menschheit"(인간찌꺼기/쓰레기)라는 직설적인 표현을 사용했다.

108 마키리타레(Maquiritare): 남아메리카 열대 우림 부족으로 베네수엘라의 카우라 강과 오리노코 강 지역에 산다.

109 카시키아레 운하: 오리노코 강 상류의 분류이다. 이 강은 남쪽 흘러 네그루 강에 흘러든다. 따라서 이 강은 오리노코 강과 아마존 강 사이에 독특한 자연적인 운하를 형성한다.

110 아타 바포 강: 오리노코 강 유역의 일부로, 베네수엘라와 콜롬비아 두 나라 사이의 국경을 형성한다.

화무쌍한 운명을 증언해준다.

그러나 스텝에서 타이거와 악어가 말이나 소와 싸우고 있지만, 우리는 그곳의 숲이 우거진 강가에서, 기아나의 황야에서, 인간이 인간을 대항해 영원히 무장하고 있는 것을 본다. 여기서는 비자연적인 탐욕으로 각각의 종족들이 적들한테서 빨아낸 피를 마신다. 다른 종족보다 약한 무리는 모래로 된 강가에 들어설 때마다 자신들의 소심한 걸음의 흔적을 조심스레 손으로 없앤다. 그렇게 인간은 동물적 야만의 가장 낮은 단계에서, 또 그렇게 보다 높은 문명의 거짓 광채 속에서 항상 고된 삶을 준비한다.

둘로 갈라진 종족의 단조롭고 절망적인 그림이, 먼 지구 위로, 바다와 육지 위로 마치 모든 세기 동안 역사 연구가를 추적하듯 그렇게 방랑자를 뒤쫓는다.

따라서 종족들 간의 중재되지 않은 갈등 속에서 정신적 안정을 추구하는 사람은 식물과 내재적으로 작용하는 성스러운 자연의 힘[111] 안에 있는 조용한 삶으로 기꺼이 눈길을 돌린다. 혹은 헌신적으로 수천 년 동안 인간의 가슴을 타오르게 한 타고난 충동에게 몰두한 채, 그는 예감을 가득 담고저 위쪽 높은 별들을 바라본다. 그 별들은 방해받지 않은 조화 속에서 오래되고 영원한 궤도를 완성한다.

111 "훔볼트는 지구를 '내재적 힘에 의해 활동하고 움직이는 자연적 집합체'라고 기술했다." 알드레아 울프. 양병창 역: 『『자연의 발명』』, 2016. 28쪽 인용.

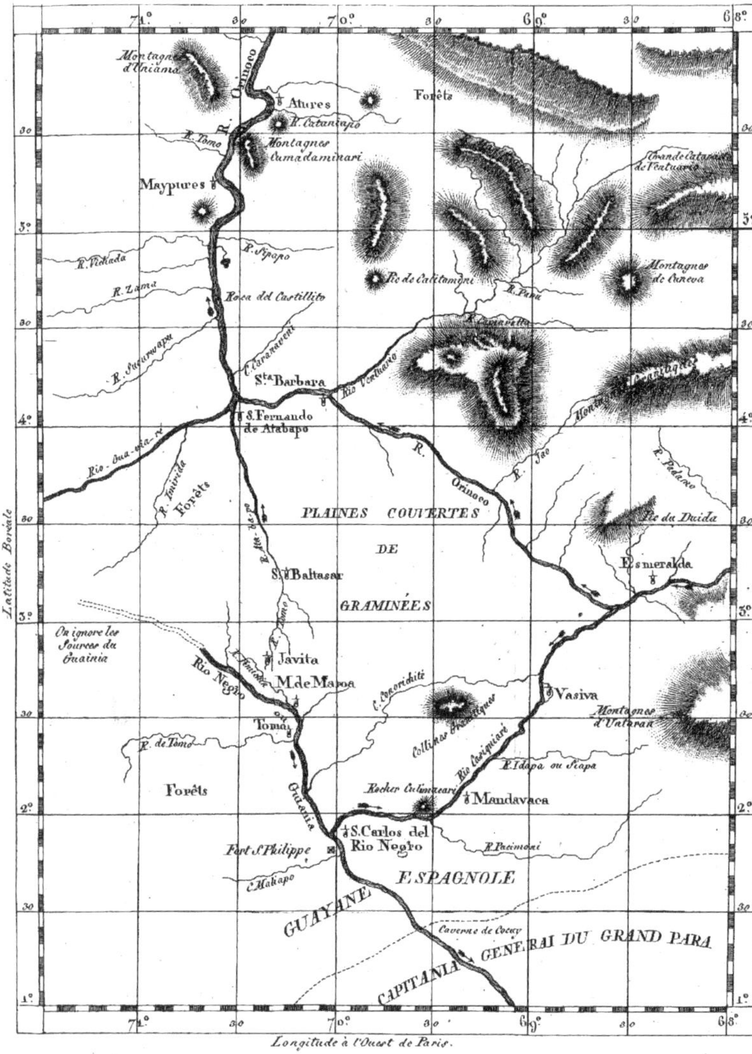

CARTE

De l'Interieur de la Guayane Espagnole dressée sur les lieux
d'aprés des observations astronomiques
par A. de Humboldt.

rresp.1812,

Map of the Cassiquiare canal based on Humboldt's 1799 observations

오리노코 강 폭포, 아투레스와 마이푸레스

앞장은 대학 강의를 위해 쓴 것인데 광대한 평원들에 대해 기술한 것이다. 그곳의 자연 특성은 기후 조건에 따라 다양하게 변화하면서, 때로는 풀 한 포기 나지 않는 사막으로, 때로는 스텝이나 넓게 퍼진 초원으로 드러난다. 신대륙의 남쪽 부분에 있는 야노스는, 아프리카 내부를 에워싸고 있는 끔찍한 사막과 대조를 이룬다. 또한 예전에 동쪽에서부터 밀려와 지구 위에 야만과 파괴를 퍼뜨리며 세계를 공격했던 유목 민족들의 거주지인 중앙아시아의 스텝들과도 대조를 이룬다.

나는 그 당시(1806년)에는 엄청나게 큰 땅 덩어리들을 하나의 자연 풍경에 그려 넣어, 공개적인 모임에서 그 분위기가 우리 마음의 우울한 감정을 드러내는 주제들을 논하려했다. 하지만 지금은 여러 현상을 비교적 좁은 범위로 한정해서, 울창한 식물의 성장과 거품이 이는 강 계곡을 훨씬 더 밝은 그림으로 그려낼 생각이다. 나는 기아나의 황무지에서 두 개의 자연 풍경, 즉 오리노코 강의 폭포, 아투레스와 마이푸레스를 묘사할 것이다. 널리 알려지기는 했지만 나 이전에는 소수의 유럽인만이 찾았던 곳이다.

우리가 자연 풍경을 통해 받는 인상은 지역의 특성보다는, 산과 목초지에서 때로는 영묘한 푸른 하늘 속에서, 때로는 낮게 움직이는 구름의 그늘 속에서 드러난 빛을 통해 더 영향을 받는다. 마찬가지로 자연에 대한 묘사가 얼마나 많게 혹은 적게 우리 느낌의 요구에 일치하는가에 따라, 그 묘사는 보다 강력하거나 미약하게 우리에게 영향을 준다. 왜냐하면 내면의 가장 깊숙한 수용적인 마음속에서 물리적 세계는 생생하고 진실하게 반영되기 때문이다. 풍경의 성격을 특징짓는 것은, 저 멀리 흐릿한 지평선에 경계를 긋는 산맥들의 윤곽, 전나무 숲의 어두움, 튀어나온 암초들 사이를 미친 듯이 몰아쳐 흐르는 숲 속의 강이다. 이 모든 것은 인간 기질의 성향과 오랫동안 신비스럽게 교류하고 있다.

자연이 베푸는 즐거움 중에서 더 고귀한 부분은 바로 이런 교류에 근거를 두고 있다. 자연이 그 위대함이라는 감각으로 우리에게 더 충만하게 스며들고, 더 강력하게 말을 거는 곳은 열대 지방밖에 없다. 오직 '인도 하늘' 아래에서뿐이다. 중세 초기 사람들은 열대 기후를 그렇게 불렀다. 따라서 그 지역들을 묘사하여 이 모임 사람들을 다시 즐겁게 해주려고 시도하면서, 그저 이 지역들의 고유한 매력이 그대로 느껴지기를 바랄 뿐이다. 자연이 풍부한 먼 나라에 대한 기억, 식물의 자유롭고 힘차게 성장하는 광경은 마음을 상쾌하고 튼튼하게 한다. 마치 현재에 시달리면서도 위로 상승하려고 애쓰는 정신이, 인류의 초기 시절과 인류의 단순한 장엄함을 기뻐하는 것 같다.

서쪽의 해류와 열대풍의 도움을 받아 배는 신대륙과 서부 아프리카 사이의 넓은 계곡을 채운 잔잔한 협만을 지나간다. 불룩하게 솟은 해저에서 해안이 돌출하기 전에, 파도가 거품을 내고 일렁이며 서로서로를 뚫고 지나가는 게 보인다. 이 지역을 잘 모르는 선원들은 해구(海溝)가 가까이 있다거나, 혹은 앤틸리스 제도 사이의 대양 한가운데서 놀랍게도 담수(淡水)가 솟아오른다고 추측할 것이다.

기아나의 화강암 해안 아주 가까이에 상당히 큰 강의 넓은 어귀가 나타난다. 이 강은 무한한 호수처럼 불쑥 나타나 대양을 민물로 덮는다. 강의 녹색 파도나 얕은 곳의 우윳빛 파도는, 바다의 짙은 푸른빛과 대조를 이루는데, 이 짙은 푸른빛은 강물의 파도와 정확하게 경계를 긋는다.

오리노코[112]라는 이름은 이 강을 최초로 발견한 사람들이 붙인 것인데, 언어를 잘못 이해해 그렇게 붙였을 것이다. 내륙 깊은 곳에서 이 이름은 알려져 있지 않다. 동물 같은 원시 상태의 원주민들이 자신들이 아는 지리학적 이름들을 그 대상들에게 붙였는데, 이게 다른 이름들과 혼동되었을 수도 있다. 오리노코 강, 아마존 강과 막달레나 강[113]은 그저 단순하게 "그 강", 기껏해야 "거대한 강" 혹은 "거대한 물"이라고 불렀다. 반면 강가에 사는 원주민들은 가장 작은 냇물들에는 각각의 이름을 붙여 이들과 구별했다.

오리노코 강이 남아메리카 대륙과 아스팔트 성분이 많은 트리니다드 섬[114] 사이에서 만들어내는 해류는 아주 강력해서, 서늘한 서풍이 불 때 돛을 활짝 펴고 항해하는 배들은 이 해류에 맞서 거의 이겨낼 수 없을 정도이다. 이 거칠고 무시무시한 지역은 슬픔의 만(灣)(Golfo triste)이라 불린다. 용의 입(boca del Drago)이 그 입구이다. 이곳에는 암초 몇 개가 미친 듯 날뛰는 밀물 사이에 탑처럼 솟아 있는데, 오래된 바위 제방이라 불리기도 하며, 지금은 해류에 구멍이 뚫려있으나, 한때 트리니다드 섬을 파리아 강의 해안과 연결시켰었다.

이 지방의 풍경은 우선 대담한 발견자 콜럼버스에게 아메리카 대륙의 존재를 확신시켜주었다. 자연에 정통한 그 사람은 이렇게 말했다, "이렇게 엄청난 양의 민물은 강의 길이가 거대할 때만 모일 수 있을 것이다. 이런

112 오리노코: 카리브어로 '강'이라는 뜻.

113 막달레나(Magdalena) 강: 콜롬비아 서부를 흐르는 길이 1,540km의 강으로, 카리브 해로 흐른다.

114 트리니다드(Trinidad) 섬: 카리브 해의 소 앤틸리스 제도를 이루는 섬이다.

물을 보내는 땅은 분명 대륙이지 섬은 아닐 것이다." 아리아누스[115]에 따르면, 알렉산드로스 대왕의 동반자들은 눈 덮인 파로파미사다이[116]를 넘어 전진하면서, 악어가 우글거리는 인더스 강을 보고는 나일 강의 한 부분라고 생각했다. 이들과 마찬가지로, 콜럼버스는 야자과 식물이 자라는 기후의 모든 산물이 인상학적으로 유사하다는 것을 알지 못한 채, 그 새로운 대륙은 광활하게 뻗어 있는 아시아의 동쪽 해안이라고 잘못 생각했다. 저녁 공기의 부드러운 서늘함, 별이 빛나는 창공의 에테르의 순수함, 육풍에 실려 풍겨오는 꽃들의 발삼 향기, 이 모든 것은 콜럼버스로 하여금 여기가 에덴의 정원, 최초 인류의 성스러운 거주지에 다가가고 있다고 추측하게 했다(에레라[117]는 『데카다스』에서 이렇게 썼다). 그는 선사시대의 세계 기원 신화에 따라, 오리노코 강은 초목으로 새로 장식된 대지에 물을 공급하고 대지를 나누기 위해 낙원에서 흘러나오는 4개의 강[118] 중 하나라고 생각했다. 콜럼버스의 여행기의 한 부분, 혹은 페르난도 국왕과 이사벨 여왕에게 아이티(1498년 10월)에서 보낸 편지에 있는 이 시적인 부분은 독특한 정신적 관심을 보여준다. 이 부분은 모든 위대한 성품의 인간처럼, 이 세계 발견자 안에서 시인의 창조적 상상이 숨김없이 표현된다는 것을 다시

---

115 아리아노스 또는 루키우스 플라비우스 아리아누스 크세노폰(86-160): 2세기 로마의 그리스인 정치가이자 역사가이다. 알렉산드로스 대왕의 동방 원정을 연구한 알렉산드로스 원정기의 저자.

116 파로파미사다이(Paropamisadae) 또는 파로파미소스: 힌두쿠시 산맥의 영역으로 아프가니스탄의 동쪽에 있으며 중심은 카불과 카피사바그람이다.

117 안토니오 데 에레라 이 토르데시야스(Antonio de Herrera y Tordesillas, 1549-1625: 스페인 역사학자. 대표작은 『Historia general de los hechos de los castellanos en las Islas y Tierra Firme del mar Océano que llaman Indias Occidentales ("General History of the Deeds of the Castilians on the Islands and Mainland of the Ocean Sea Known As the West Indies")로 스페인어로는 Décadas로 더 알려져 있다.

118 비손, 기혼, 힛데겔(티그리스), 유브라데더(유프라데스) 강을 말한다. 「창세기」 2: 11-14 참조.

금 알려준다.

오리노코 강이 대서양으로 가져오는 수량을 보면 이런 질문을 할 것이다. 남아메리카의 강들 중에서, 즉 오리노코, 아마존 아니면 라플라타 중에서 어느 강이 가장 클까? 이 질문은 크기라는 개념과 마찬가지로 애매하다. 하구가 가장 넓은 강은 라플라타 강으로, 그 폭은 23지리학 마일이다. 하지만 이 강은 영국의 강들처럼 비교적 짧다. 별로 깊지 않은 이 강의 수심은 부에노스아이레스 시 근처를 항해하기에도 지장이 있다. 아마존이 모든 강 가운데 가장 길다. 라우리코차 호수[119]의 수원에서부터 하구까지 총 길이가 720지리학 마일이다. 반면 내가 그림처럼 아름다운 파타추마 산 아래에서 아마존을 측량했던 곳인, 하엔 데 브라카모로스 주의 렌타마 폭포 근처의 강폭은 우리 나라의 도시 마인츠를 흐르는 라인 강 폭과 거의 유사하다. 오리노코 강이 하구에서는 라플라타 강과 아마존 강보다 폭이 좁은 것처럼, 오리노코 강의 길이도 나의 천문학적 관측에 따르면 280지리학 마일에 불과하다. 이와는 반대로 나는 기아나 내륙 깊은 곳, 하구에서 140마일 떨어진 지점, 수위가 높은 곳에서는 강폭이 16,200피트 이상 넓은 곳도 발견했다. 주기적인 강물의 증가는 그곳의 수면을 매년 최저 수위 지점보다 28내지 34피트까지 높인다. 남아메리카 대륙을 나누는 거대한 강들을 정확하게 비교하기에는 아직까지 자료가 충분하지 않다. 비교하기 위해서는 하천 바닥의 측면도와 하천 바닥 모든 부분에서의 다양한 유속(流速)을 알아야만 할 것이다.

여러 갈래로 나뉘고 아직 탐험되지 않은 오리노코 강의 지류들을 에워

119 라우리코차(Lauricocha): 페루의 같은 이름의 지역에 있는 호수로, 안데스 빙하에서 발원한 호수 중 가장 북쪽에 있다.

싸는 델타 지대[120] 안에서, 오리노코 강은 수량 증감(增減)의 규칙성, 강에 서식하는 악어들의 수와 크기에서 나일 강과 여러 가지로 유사한 점을 보인다. 두 강은 또한 그렇게 숲 속을 돌진하듯 흐르고, 화강암과 섬장암 산맥 사이를 길게 굽이쳐 흘러, 나무가 없는 강가와 경계를 그으며 거의 평지인 곳으로 천천히 흘러들어 가는 것까지도 닮았다. 나일 강의 지류 중 하나(물빛이 청색인 바르 엘 아즈렉)는 아비시니아 고잠 고원의 곤다르[121] 근처에 있는 유명한 산중 호수에서부터 시에네[122]와 엘레판티네 섬[123]까지, 샹갈라와 세나르의 산맥을 지나 힘차게 흐른다. 오리노코 강도 산맥의 남쪽 경사에서 발원하는데, 이 산맥들은 북위 4도와 5도 아래, 프랑스령 기아나에서부터 서쪽으로는 누에바 그라나다[124]의 안데스를 향해 뻗어 있다. 오리노코 강의 수원들을 유럽인도, 또 유럽인과 접촉한 그 어떤 원주민도 탐험하지 않았다.

1800년 여름, 오리노코 강 상류를 배를 타고 지나갈 때, 우리는 에스메랄다 선교촌 저 멀리 소도모니와 구아포의 하구들에 도착했다. 이곳에는 예오나마리 혹은 두이다[125]라고 불리는 거대한 봉우리가 구름 위로 불쑥

120 델타 지대: 강이 바다로 들어가는 어귀에, 강물이 운반하여 온 모래나 흙이 쌓여 이루어진 편평한 지형.

121 곤다르: 에티오피아 암하라 주의 도시로, 타나 호 북쪽에 위치한다.

122 시에네: 오늘날은 아스완으로 불린다.

123 엘레판티네(Elephantine): 나일 강에 있는 섬.

124 누에바 그라나다(새로운 그라나다): 1831년 그란 콜롬비아가 붕괴되자, 많은 사람들은 토론을 통하여 '과거의 이름 그대로'를 목적으로 하는 누에바 그라나다 공화국을 세우게 되었다. 에콰도르와 베네수엘라를 빼는 대신 니카라과를 포함시킨다. 이 연방은 1858년까지 존속되었으며, 1858년 그라나다 연합이 설립되었다.

125 Cerro Yennamadi 혹은 Cerro Duida: 베네수엘라 아마조나스 주에 있는 매우 큰 테푸이. cerro는 스페인 어로 '언덕'을 뜻한다. 테푸이는 남아메리카 북부 베네수엘라, 브라질, 기아나의

솟아 있다. 이 산은 나의 삼각법 측량에 따르면 해발 8,278피트로, 산의 모습은 열대 지방의 가장 멋진 자연 경관의 하나를 보여준다. 산 남쪽 경사는 나무가 없는 초원이다. 그곳에서는 주변 멀리까지 파인애플 향이 눅눅한 저녁 공기를 채운다. 낮은 초원 식물들 사이로 수액이 많은 파인애플 줄기들이 우뚝 솟아 있다. 왕관처럼 펼쳐진 우듬지의 청회색 잎들 아래에로 황금빛 과일이 빛난다. 풀로 덮인 땅 아래서 계류가 솟아나는 곳, 그곳에 키가 큰 야자 군락이 여기저기 있다. 야자 나뭇잎들은 이 뜨거운 지역에서는 절대 서늘한 바람에 흔들리는 일이 없다.

두이다의 동쪽에서부터 야생 카카오 밀림이 시작되는데, 이 나무들은 브라질넛 속(Bertholletia excelsa)으로 열대 지역의 가장 강력한 산물인 유명한 편도나무를 에워싸고 있다. 이 밀림에서 원주민들은 불어서 쏘는 화살통의 재료를 모은다. 그것은 거대한 풀줄기로, 17피트 이상으로 길게 마디마디 자란다. 프란체스코파 수도사들 몇 사람은 치기레 강의 하구까지 전진했다. 그곳은 원주민들이 강 위, 구아리베[126]의 폭포 가까이에 덩굴식물을 엮어 다리를 놓을 정도로 강폭이 좁아진다. 구아이카 족은 피부는 희지만 키가 작은 종족으로 독화살로 무장한 채 동쪽으로 더 들어오는 것을 허용하지 않았다.

따라서 오리노코 강의 근원이 호수라는 사실은 모두 지어낸 말이었다. 사람들은 자연 속에서 헛되이 도라도[127]의 석호들을 찾는데, 이 석호는 애

국경 지대에 있는 정상부가 평평한 산을 가리키는 말로, 영어로는 테이블 산이라고 한다.

126 독일어 원서에는 die Guahariben, 영어로는 the Guaharibes로 복수이다. 이것에 대한 설명은 원서에 없다.

127 도라도: ‘dorado’는 스페인어로 ‘황금, 황금빛’. 남성 정관사 El과 결합한 Eldorado는 남아메리카에 있다고 믿어졌던 ‘황금의 나라’를 뜻한다.

로우스미스[128]의 지도에는 길이 20지리학 마일의 내륙 바다로 표기되어 있다. (마후의 지류) 피라라의 수원이 솟아오르는, 갈대로 뒤덮인 작은 호수 아무쿠가 그런 신화가 만들어지게 했을까? 이 늪지는 오리노코 강의 수원이라고 추측되는 지역보다 4도 더 동쪽에 있다. 사람들은 운모편암으로 된 바위인 푸마세나 섬이 이 소택지 안에 있다고 생각했는데, 16세기부터 이 섬의 명성은 엘도라도의 전설 안에서 기억할 만한 역할을, 그러나 배반당한 인간에게는 종종 아주 부정적인 역할을 했다.

많은 원주민의 전설에 따르면 남반구의 마젤란 구름, 아르고 좌의 멋진 성운들은 파리메[129]의 은산(銀山)이 내뿜는 금속광의 광휘라고 한다. 또한 눈에 띄는 세상의 모든 강들은 내륙 호수에서 시작되었다는 것은 독단적인 지리학자들의 오래된 관례기도 하다.

오리노코 강은 이상한 강들 중의 하나로, 이런 강들은 서쪽과 북쪽으로 다양하게 방향 전환을 한 뒤에, 결국 이런 식으로 다시 동쪽으로 역류하여 그 하구가 수원과 거의 같은 경선(經線)에 있다. 치기레 강과 헤에테 강에서 구아비아레 강에 이르기까지는, 마치 강물을 태평양으로 보내려는 듯 오리노코 강은 서쪽을 향해 흐른다. 이 지역에서 강은 유럽에서는 잘 알려지지 않은 카시키아레라고 하는 특이한 지류를 남쪽을 향해 흘려보낸다. 이 지류는 리오 네그로 혹은 (원주민들이 부르는 것처럼) 구아니아 강과 합쳐진다. 그곳은 대륙의 가장 내부에 있는 강이 갈라지는 지점, 즉 거대한 계곡류가 자연스레 연결되는 유일한 예이다.

오리노코 강은 갑자기 북쪽으로 방향을 돌리는데, 이는 토양의 특성 때

128 애로우스미스(John Arrowsmith, 1790 – 1873): 영국의 지도 제작자.

129 파리메 호 또는 파리마 호수: 남아메리카의 전설의 호수로 유명한 엘도라도(El Dorado)가 이곳에 있다고 전해진다.

문이기도 하고 구아비아레 강과 아타바포 강이 오리노코 강으로 유입되기 때문이다. 지리학적 무지로 인해 사람들은 오랫동안 서쪽에서 흘러드는 구아비아레 강을 오리노코 강의 진짜 근원으로 여겼다. 유명한 지리학자 뷔아슈[130] 씨는 1797년부터 아마존 강을 연결할 수 있다는 가능성에 대해 의심을 품었다. 내가 바라던 대로 이런 의심은 나의 탐험을 통해 완전히 반증되었다. 나는 네그루 강에서부터 카시키아레 운하를 따라 오리노코 강까지 강의 특별한 연결점을 지나고, 브라질의 국경에서부터 카라카스의 해안까지를 지나는 대륙의 내부를 통과해서, 230지리학 마일을 쉬지 않고 항해했다.

북위 3도와 4도 사이에 있는 강의 이 상류 지역에서 자연은 일명 검은 물이 흐르는 기현상을 수차례 반복했다. 강가에 캐롤라인과 나무처럼 자라는 야모란과의 식물들이 뒤덮고 있는 아타바포 강, 테미 강, 투아미니 강과 구아니아 강의 물빛은 커피색과 같은 갈색이다. 이 색깔은 야자수 나무의 그늘 아래서 거의 먹빛으로 바뀐다. 투명한 그릇에 물을 담아보면 황금빛이다. 이 검은 강물 위로 놀라운 정도로 또렷하게 남반구 별들의 모습이 비친다. 물이 조용히 졸졸 흐르는 곳에서, 강물은 반사장치로 관찰하는 천문학자에게 가장 멋진 인공적 지평선을 보여준다. 악어뿐 아니라 물고기도 없고 다른 곳보다 훨씬 서늘하며 모기에 물리는 고통도 적으며 공기가 깨끗한 것이 검은 강물 지역의 특징이다. 이 강들의 특이한 물빛은 탄화수소의 분해, 열대 식물의 울창함 그리고 강들이 흘러가는 땅을 뒤덮고 있는 울창한 식물 때문일 것이다. 실제로 나는 침보라소 산의 서쪽 경사, 남해의 해안을 향한 쪽에서 리오 데 구아야킬에서 흘러나오는 강물들이 수 주

130 뷔아슈(Philippe Buache, 1700-1773): 프랑스의 지리학자, 지도학자. 새로운 지리 시스템을 발명하고, 이 분야를 대중화한 것으로 유명하다.

간 초원을 덮으면, 점차 황금색으로 거의 커피색과 같은 갈색을 띠게 된다는 것을 알게 되었다.

구아비아레 강과 아타바포 강의 하구에서 멀지 않은 곳에는 모든 야자수 중에서 가장 멋진 모습인 피리과오 종[131]이 있다. 이 나무의 줄기는 매끈하며 키는 60피트에 갈대처럼 여리여리하고, 가장자리가 약간 고불고불한 잎을 달고 있다. 나는 그처럼 키가 크고 아름다운 빛깔의 열매가 여는 야자는 처음 봤다. 이 나무의 열매는 복숭아와 비슷한데, 노란색에 진분홍이 섞여 있다. 70내지 80개의 열매가 거대한 포도송이처럼 열리고, 해마다 한 나무에 세 송이가 달린다. 이 멋진 나무를 복숭아야자라고도 한다. 과육이 많은 열매는 울창한 초목 때문에 대부분은 씨앗이 없다. 그래서 이 열매는 원주민에게 영양이 풍부하고 녹말이 많은 바나나와 감자처럼 다양한 조리법으로 요리하는 것이 가능하다.

이곳까지 혹은 구아비아레 강의 하구까지, 오리노코 강은 파리메 산의 남쪽 경사를 따라 흘러간다. 오리노코 강의 왼쪽 강가에서부터 적도 저 멀리까지, 남위 15도까지는 숲으로 덮인 어마어마한 아마존 강 평원이 펼쳐진다. 산 페르난도 데 아타바포[132] 근처에서 이제 오리노코 강은 갑자기 북쪽으로 방향을 바꾸면서, 산맥의 일부를 뚫어버린다. 이곳에 아투레스와 마이푸레스라는 거대한 폭포가 있다. 여기 하천 바닥은 어느 곳이나 거대한 암괴로 인해 좁아졌고, 자연적으로 생긴 제방들 때문에 몇 개의 저수지로 나뉜다.

---

131 Bactris gasipaes: 복숭아야자(peach palm)는 국가별로 다양한 이름으로 불린다. 현재 베네수엘라에서는 Pijiquao라고 부른다.

132 산 페르난도 데 아타바포: 콜롬비아 국경에 있는 베네수엘라 남부의 마을. 1900년대 초까지 아마조나스 주의 수도.

메타 강 하구 앞의 강력한 소용돌이 안에는 암초 하나가 외따로 서 있는데, 원주민들은 인내의 바위라는 아주 적절한 이름을 붙여주었다. 이 암초는 수위가 낮을 경우 상류로 가려는 항해자를 가끔 꼬박 이틀 동안이나 잡아두기 때문이다. 오리노코 강은 육지로 깊이 파고들면서 이곳에 절벽으로 된 그림 같은 만을 형성한다. 원주민 선교촌 카리차나의 건너편에서 여행자는 기이한 광경을 보고 놀란다. 눈이 저절로 깎아지른 화강암 절벽에 고정되어 버리기 때문이다. 이 절벽은 엘 모고테 데 코쿠이사[133]라고 하며, 정방형에 200피트 높이 수직으로 낭떠러지를 이루며 위쪽 평평한 곳에는 활엽수림이 자리 잡고 있다. 단순한 장엄함을 지닌 키클롭스[134]의 기념비처럼 이 바윗덩어리는 사방에 서 있는 야자수 꼭대기 위로 불쑥 솟아, 날카로운 윤곽으로 하늘의 깊은 푸른빛과 대조를 이루고 있다. 숲 위의 숲이다.

카리차나에서 배를 타고 계속 하구로 내려가면, 강은 바라구안의 좁은 협로를 뚫고 길을 내는 지점에 도달하게 된다. 이곳 어디서나 혼란스러운 파괴의 흔적을 볼 수 있다. 우루아나와 엔카라마다를 향해 조금 더 북쪽에는 기괴한 모양의 화강암 바위들이 솟아 있다. 놀라울 정도로 뾰족뾰족하게 나뉘어져 있고, 눈이 부시게 하얀 바위들은 숲 속에서 높이 솟아 빛을 뿜어낸다.

이 지역에서 즉 아푸레 강의 하구에서부터 강은 화강암 산괴(山塊)를 벗어난다. 동쪽을 향해 대서양에 이르기까지 이 강은 기아나의 빽빽한 숲들을, 저 멀리 하늘과 맞닿아 있는 광대한 초원과 갈라놓는다. 이렇게 오리노코 강은 서쪽, 남쪽, 북쪽 세 방향에서 하오와 카우라의 수원 사이의

133 엘 모고테 데 코쿠이사(El Mogote de Cocuyza): '코쿠이사의 언덕'이라는 뜻.

134 키클롭스: 그리스 신화에 나오는 외눈박이 거인. 영어로는 사이클롭스(Cyclops).

넓은 지역을 채우는 파리메의 높은 산괴를 에워싼다. 또한 카리차나에서부터 강어귀에 이를 때까지 암초도 급류도 없이 흘러간다. 무이타코에 있는 소용돌이인 지옥의 입(Boca del Infierno)만 예외이다. 이 소용돌이는 바위로 인해 생기지만, 그 바위들은 아투레스와 마이푸레스에서처럼 강바닥 전체를 막지는 않는다. 바다와 가까운 이 지역에서 항해자들이 맞닥뜨리는 유일한 위험 요소는 자연적으로 생긴 뗏목이다. 특히 밤에는 종종 카누가 이것에 부딪쳐 난파되곤 한다. 이 뗏목들은 원래는 숲속의 나무들로, 강물이 불어나면서 강가에서 뿌리 채 뽑혀 쓸려 내려온 것이다. 마치 초원처럼 꽃이 피는 수중식물들로 뒤덮인 뗏목들은 멕시코 바다에 떠다니는 정원들을 연상시킨다.

오리노코 강 물길의 가장 일반적인 상태에 대해서는 이 정도로 대충 살펴보고, 이제 마이푸레스와 아투레스 폭포에 대한 설명으로 넘어가겠다.

쿠나바미의 높은 산괴에서부터, 시파포 강과 벤투아리 강의 수원 사이를 지나 화강암 산의 등성이 하나가 멀리 서쪽으로, 우니아마 산맥 쪽으로 뻗어나간다. 이 산등성이로부터 마이푸레스 폭포들과 경계를 이루는 4개의 강, 즉 오리노코 강의 동쪽 해안에는 시파포 강과 사나리아포 강이, 서쪽 해안에는 카메히 강과 토파로 강이 흘러내린다. 선교촌 마이푸레스가 있는 곳에서 산들은 서남쪽을 향해 넓게 펼쳐진 만(灣)을 형성한다.

강은 이제 거품을 내며 동쪽 산비탈에서 흐른다. 저 멀리 서쪽에 오래된 쓸쓸한 강가가 보인다. 서로 연결된 두 언덕 사이에는 넓은 초원이 펼쳐져 있다. 이 초원에 예수회 사람들이 야자수 줄기로 작은 교회를 세웠다. 평원의 높이는 강 상류의 수면에서부터 30피트가 될 듯 말 듯하다.

이 지역의 지질학적 모습, 케리와 오코 암괴의 섬 모양, 마주보고 있는 우이비타리 섬의 여러 동굴들과 아주 똑 같은 높이에 홍수가 케리 바위에 만들어 놓은 움푹 파인 곳들, 이 모든 현상들은 지금은 말라있는 이곳 만

전체를 오리노코 강이 한때 가득 채웠다는 것을 증명한다. 북쪽 해안이 둑처럼 막아주고 있는 동안에는 강물이 넓은 호수를 형성했을 것이다. 둑이 무너졌을 때, 지금 구아레케 원주민이 살고 있는 초원이 제일 먼저 섬처럼 모습을 드러냈다.

아마도 강은 여전히 오랜 세월동안, 오래된 강바닥에 산성처럼 불쑥 솟아 그림과 같은 풍경을 보여 주는 케리와 오코 암괴를 에워싸며 흘렀을 것이다. 그러다가 차츰 물이 줄면서 강물은 완전히 동쪽 산맥 쪽으로 물러났을 것이다.

이러한 추측은 여러 상황이 증명한다. 사실 오리노코 강은 필래 섬과 시에네 근처의 나일 강처럼 특이한 특성이 있는데, 강이 붉고 하얀 화강암 덩어리를 수천 년 동안 적시며 검게 물들인 것이다. 강물이 바위 해안에 닿을 경우, 그곳에서 1/10 리니에 좀 못 되게 바위 안쪽까지 스며들어 있는 망간과 탄소 소재를 포함한 납빛 표면을 볼 수 있다. 이 검은 착색과 위에서 언급한 움푹 파인 곳들은 오리노코 강의 옛 수위(水位)를 보여준다.

케리 암괴에서, 폭포들 가운데의 섬들에서, 토모 섬 위쪽에 이어져 있는 편마암 구릉지대인 쿠마다미나리에서, 마지막으로는 하오 강어귀에서, 현재의 수면보다 150에서 180피트 위쪽에 검은빛의 움푹 파인 자리들이 보인다. 이것들의 존재는 (유럽의 모든 강바닥에서도 볼 수 있듯이) 현재 그 크기 때문에 우리에게 엄청난 놀라움을 안겨주는 강들이 사실 선사시대의 엄청난 수량이 남겨놓은 미약한 잔여물에 불과하다는 것을 알려준다.

기아나의 야만스러운 원주민들조차도 이런 단순한 발견에 반대하지 않는다. 원주민들은 어디에서나 옛날 강 수위의 흔적을 우리에게 알려주었다. 우루아나의 초원에도 홀로 떨어진 화강암 암괴가 있다. (믿을 만한 사람들의 설명에 따르면) 그 바위에는 80피트 높이에 태양, 달, 다양한 동물들의 그림, 특히 악어와 보어 뱀의 그림들이 거의 일렬로 새겨져 있다고 한다.

미래의 여행자들이 정말 신경 써서 연구할 가치가 있는 저 수직 벽은 현재는 그 누구도 비계 없이는 기어오르지 못할 것이다. 바로 이 놀라운 위치에 우루아나와 엔카라마다 산맥의 바위에 새겨진 해독하기 어려운 음각화들이 있는 것이다.

원주민들에게 이 그림들이 어떻게 새겨질 수 있었냐고 물어보면, 대홍수 시대에 생긴 그림인데 당시 그들의 조상이 이 정도 높이에서 배를 타고 다녔기 때문이라고 대답한다. 그러니까 이 수위는 예술을 부지런하게 만들어낸 인간의 원시적 기념물과 함께한 시기였던 것이다. 수위는 오래전 액체와 고체가 아주 상이하게 분포되었다는 것, 즉 지구 표면의 이전 상태를 암시한다. 그렇다고 해서 이 상태를 우리 지구의 최초의 식물 장식들이, 멸종된 육지 동물의 거대한 육체 그리고 혼란스러운 태고의 유영 생물이 단단해져가는 지구의 껍질에서 그들의 무덤을 찾았던 그런 상태와 혼동해서는 안 된다.

폭포들의 최북단 출구는 해와 달의 자연적인 풍경이라 할 만한 것 때문에 눈길을 끈다. 내가 이미 여러 번 언급한 케리 암괴는 멀리 빛을 내는 흰 얼룩이라는 뜻의 이름으로, 원주민들은 이 암괴에서 눈에 띄게 보름달과 닮은 점을 알아냈다고 생각했다. 나는 이 가파른 절벽을 기어오를 수는 없었다. 그런데 이 흰 얼룩은 흑회색 화강암 가운데 결집되어 있는 암맥이 만들어낸 거대한 크기의 석영 결절일 것이다.

케리 건너편, 우이비타리 섬과 쌍둥이인 현무암 산 위에서, 원주민들은 은밀한 경탄을 드러내며 위에서 말한 것과 닮은 원판 하나를 가리킨다. 이들은 이것을 태양 즉 카모시 신의 형상으로 공경한다. 아마 지리학적 위치 때문에 두 바위에 이런 이름이 붙여진 것 같다. 왜냐하면 실제로 내가 발견한 것에 따르면 케리는 서쪽을, 카모시는 동쪽을 향하고 있기 때문이다. 어원을 연구하는 언어학자들은 아메리카 언어에서의 카모시는, 페니키아

방언의 일종에서 사용되는 태양의 이름인 카모슈, 아폴로 코메우스, 혹은 벨페고르[135]나 아문과 어느 정도 유사하다는 것을 알아냈다고 주장한다.

마이푸레스의 폭포들은 140피트나 되는 나이아가라 폭포처럼 어마어마하게 많은 물이 한꺼번에 떨어지면서 생긴 것이 아니다. 또한 강의 수로도 아니다. 아마존 강의 퐁고 데 만세리체처럼 강이 빠른 속도로 밀려드는 협곡도 아니다. 마이푸레스의 폭포들은 계단처럼 차례차례 이어지는 작은 인공폭포가 수도 없이 모여 있는 것과 같다. 라우달[136](스페인 사람들은 이런 종류의 폭포를 이렇게 부른다)은 섬과 암초로 이뤄진 일종의 다도해처럼 형성되어 있는데, 이것들이 8000피트 넓이의 강바닥을 좁게 만들어서, 물줄기는 20피트 정도의 넓이로만 자유롭게 흐를 수 있다. 동쪽 측면은 현재 서쪽보다 더 접근하기 어렵고 위험하다.

우리는 카메히 강의 어귀에서 화물을 하역하고 나서, 라우달을 잘 아는 원주민들을 시켜 빈 카누 혹은 이곳 사람들이 말하는 피라구아[137]를 토파로 강 하구까지 몰고 가게 한다. 여기까지 가면 위험은 모두 사라졌다 할 수 있다. 몇몇 암초 혹은 계단(이것들은 각각 자신만의 이름을 갖고 있다)이 2피트 내지 3피트가 넘지 않을 경우, 원주민들은 카누를 탄 채 폭포에서 떨어져 내려가기도 한다. 하지만 강을 거슬러 배를 몰아야 할 경우에는 앞쪽으로 헤엄쳐 간다. 그런 뒤 헛된 노력을 수없이 많이 한 후에 급류 위로 솟아 있는 바위 꼭대기 둘레에 밧줄을 휘감아, 이 밧줄을 잡고 배를 끌어올린다. 이런 힘든 작업 중에 배는 가끔 완전히 물로 가득차거나 뒤집히기도 한다.

---

135 벨페고르(Belphegor): 악마. 모아브의 신인 바알 페오르(Baal Peor) 혹은 바알 페고르(Baal Pegor)에서 유래.

136 라우달(Raudal): 스페인어로 '격류, 급류'라는 뜻.

137 피라구아(Piragua): 카누보다 더 큰 길고 좁은 통나무배 혹은 강과 해변에서 사용하는 작고 좁고 아주 가벼운 배.

가끔, 그리고 이런 경우에만 원주민들은 걱정을 하는데, 카누가 암초 위에서 박살이 나기도 한다. 그러면 배의 조타수는 피투성이가 된 몸으로 소용돌이에서 벗어나 수영해서 강가로 가려고 한다. 층계처럼 된 폭포가 아주 높은 곳, 즉 암벽 댐이 강바닥 전체를 뚫고 지나가는 곳에서는, 가벼운 조각배는 육지로 옮겨져 가까운 강가에서 배 아래에 놓인 나뭇가지 위를 롤러 위를 굴러가듯 한 구간 끌려간다. 제일 유명하고 힘든 바위 계단은 푸리마리미와 마니미다. 이것들의 높이는 9피트이다. 나는 바로 미터 관측을 통해서 놀랍게도 라우달의 전체 낙차는 카메히 강 하구에서 토파로 강 하구까지 28내지 30피트가 된다는 것을 알아냈다.(측지학적 수준 측량[138]은 장소적 조건이 나빴고, 악취와 수많은 모기가 가득한 공기 때문에 실행할 수가 없었다.) 내가 놀랍다고 말한 이유는, 가공할 만한 굉음과 함께 그곳에서 거칠게 끓어오르는 강물의 거품은, 수많은 암초와 섬들로 인해 강바닥이 좁아진 결과라는 사실, 즉 암괴의 형태와 위치가 만들어낸 역류의 결과라는 사실을 알 수 있기 때문이다. 이러한 주장, 전체 낙차가 그리 높지 않다는 주장이 사실이라는 것은, 마이푸레스의 마을에서부터 마니미 바위를 지나 강바닥으로 내려갈 때 제일 잘 증명할 수 있다.

이 지점이 정말 멋진 풍경을 즐길 수 있는 곳이다. 수 마일이나 거품을 내는 평지가 갑자기 눈앞에 펼쳐진다. 이 평지에서 쇠처럼 검은 암괴가 폐허나 성처럼 솟아올라 있다. 모든 섬, 모든 바위는 무성하게 쑥쑥 자라나는 숲의 나무들로 장식되어 있다. 짙은 안개가 한없이 수면 위를 떠돈다. 높은 야자수의 꼭대기가 증기를 내뿜는 뭉게구름을 뚫고 올라간다. 축축한 향기 속에서 이글거리는 저녁 햇살이 반사되면 시각 마술이 시작된다.

---

138 수준 측량(水準測量): 지구상의 각 지점 간의 높낮이를 재는 일. 대개 수준의를 써서 상대적 높이를 재거나, 평균 해면으로 높이를 잰다.

색색의 무지개가 사라졌다 다시 돌아온다. 대기의 놀이, 에테르와 같은 광경이 오락가락한다.

소리 내며 흐르는 강들은 긴 우기 동안 여기저기 민둥민둥한 바위들 위에 부식토로 형성된 섬들을 쌓아올렸다. 이 섬들은 은매화류와 끈끈이주걱과의 식물, 작은 은빛 잎이 있는 미모사와 양치식물로 장식되어, 황량한 바위 한가운데에 꽃밭을 만든다. 이렇게 만들어진 섬들은 유럽인에게는 알프스 주민들이 쿠르틸[139]이라고 부르는 식물 군락들을 떠오르게 한다. 사보이 빙하들 사이에는 이 꽃들로 뒤덮인 화강암 덩어리들이 쓸쓸하게 솟아 있다.

푸르른 저 먼 곳에 있는 쿠나바미 산맥, 길게 뻗은 산등성이에 눈길이 머문다. 이 산등성이는 끝이 무딘 원추형으로 붕긋 솟아 있다. 우리는 (원주민들이 칼리타미니라고 부르는) 이 산등성이가 붉은 불꽃 속에 있는 듯, 저무는 태양 속에서 이글거리는 것을 보았다. 이런 현상은 매일 반복된다. 지금껏 그 누구도 이 산 가까이에 가 본 적이 없다. 아마 그 광채는 활석(滑石)이나 운모의 편암[140]이 박리되면서 얇은 층에 빛이 반사되어 발생하는 것일 게다.

폭포들 근처에서 보낸 5일 동안 느꼈던 특이한 점은, 거친 강물의 굉음이 낮보다 밤에 세 배는 더 크게 들린다는 것이었다. 유럽에 있는 모든 폭포에서도 이런 현상을 느낄 수 있다. 하지만 자연의 고요를 중단시킬 것이 하나도 없는 황무지에서 그런 현상이 일어나는 이유는 무엇일까? 따뜻한 상승 기류의 흐름 때문일지도 모른다. 그것은 탄력적인 물질의 불균등한 혼합을 통해 울림의 퍼짐을 방해하고 음파를 수차례 끊어놓다가, 밤에 대

139 Courtils: 프랑스어로 '농가의 작은 뜰'이라는 단어 'courtil'의 복수형.

140 편암 또는 결정편암: 암석의 한 종류로, 석운, 운모 등의 광물 입자가 옆으로 배열된 변성암이다.

지가 차갑게 식는 동안에는 그치기 때문이다.

사람들은 이곳에서 예수회 사람들이 전도 사업을 할 당시, 오리노코 강 왼쪽 해안에서 마차에 카누를 실어 카메히 강 하구에서 토파로 강 하구까지 끌었던 뿔 달린 짐승[황소]에 대해 감탄하며 이야기했다. 당시 배들은 화물을 실은 상태였지만, 지금처럼 울퉁불퉁한 암초들 위에서 끊임없이 좌초되었다가 밀어내져도 망가지지는 않았다.

내가 주변 지방에 대해 묘사한 상황도는, 카메히 강부터 토파로 강까지 운하를 열 수도 있다는 것을 보여준다. 수량이 풍부한 시내들이 흐르는 그 계곡은 완만하게 평평해진 상태였다. 내가 베네수엘라 총독에게 건설하라고 권했던 운하는 배가 운행할 수 있는 강의 지류로서, 오래되고 위험천만한 강바닥을 이용할 필요를 없게 만들 것이다.

아투레스 라우달은 마이푸레스의 라우달과 아주 유사하다. 마이푸레스 라우달처럼 일종의 섬 세계로, 강이 이 섬 사이를 3천 내지 4천 투아즈를 뚫고 지나간다. 거품이 이는 수면 한가운데 야자 숲이 솟아 있다. 계단처럼 되어 있는 폭포들 중 가장 유명한 것들은 아바구리 섬과 하바리베니 섬, 수리파마나 섬과 우이라푸리 섬 사이에 있다.

우리, 즉 봉플랑 씨[141]와 내가 리오 네그로 강가에서 되돌아왔을 때, 우리는 아투레스 라우달의 마지막 혹은 아래쪽 절반을 짐을 실은 카누를 탄 채 위험을 무릅쓰고 지나가려고 했다. 몇 번이나 댐처럼 섬과 섬을 연결하는 암초들에서 내려왔다. 강물이 급하게 이 댐들 위를 넘어 쏟아지기도 했고, 때로는 귀가 먹먹할 정도의 굉음을 내며 댐 안으로 떨어지기도 했다.

141 에메 봉플랑(Aimé Jacques Alexandre Bonpland, 1773–1858): 프랑스 탐험가이자 식물학자. 1799년에서 1804년까지 알렉산더 폰 훔볼트와 함께 라틴 아메리카를 함께 여행한 후, 탐험의 과학적 결과를 공동 저술했다.

강이 지하에 운하들을 뚫어 길을 냈기 때문에 종종 강바닥 전 구역이 말라 있기도 했다. 이곳에는 황금빛 바위새[142]가 둥지를 틀고 서식한다. 이 새는 열대 지방의 가장 아름다운 새 중의 한 종으로, 깃털로 된 두 겹의 흔들리는 벼슬을 달고 있고, 동인도의 집닭처럼 싸움한다.

카누카리 라우달에는 탑처럼 쌓인 화강암 덩어리들이 바위 댐을 형성하고 있다. 우리는 축축한 벽에 사상조류[143]와 연체동물의 빛나는 족사[144]로 덮인 동굴의 내부로 기어들어 갔다. 무시무시한 굉음을 울리며 강물이 우리 위로 쏴쏴 흘러넘쳤다. 우연히도, 원주민들이 폭포 한가운데 우리를 남겨 두었기 때문에, 바란 것보다 더 오래 이 자연 광경을 즐길 수 있는 기회를 얻게 되었다. 긴 우회로를 지난 뒤에 섬의 아래쪽 뾰족한 부분에서 우리를 다시 태우기 위해서는, 카누가 좁은 섬 주위를 돌아서 가야했던 것이다. 한 시간 반 동안 우리는 끔찍한 뇌우를 맞으며 기다려야 했다. 밤이 되었다. 협곡 같은 화강암 덩어리들 사이에서 피할 곳을 찾았으나 쓸데없는 일이었다. 엮어 짠 조롱 안에 넣어 몇 달 동안 데리고 다닌 작은 원숭이들이 원망하는 듯한 비명을 질러 악어들을 끌어들였다. 악어들의 크기와 납회색 빛깔은 악어들의 나이가 많다는 것을 알려주었다. 원주민들이 폭포에서는 악어를 한 마리도 볼 수 없다고 단언하지 않았더라면, 나는 오리노코 강에서는 아주 일상적인 이런 현상에 대해 언급하지 않았을 것이다. 그

---

142 바위새(Pipra rupicola): cock-of-the-rock라고도 한다. 기아나 루피콜라(Rupicola rupicola)와 안데스 루피콜라(Rupicola rupicola)의 2종이 있다. 적황색, 초록색 등 선명한 색을 띠고, 곧추 선 볏이 부리 위까지 내려와 있다. 남아메리카 북부에 분포한다.

143 사상조류(絲狀藻類): 녹색의 세포가 가느다란 실 모양을 이루는 조류. 호수나 저수지의 플랑크톤으로 생존하거나 부착 조류로서 강바닥의 돌, 자갈 또는 완속 여과지의 여과막에 붙어서 털처럼 증식하기도 한다.

144 족사(Byssus): 이매패류(二枚貝類)에 속하는 연체동물의 많은 종에서 분비되는 필라멘트 묶음으로, 연체동물을 단단한 표면에 부착시키는 기능을 한다.

들의 말을 믿고 우리는 여러 차례 강의 한쪽에서 수영을 하려고 했었다.

그러는 사이 우리는 흠뻑 젖고 천둥처럼 쏟아지는 물소리에 귀가 먹먹해진 상태에서, 열대의 긴 밤을 급류 한가운데서 뜬눈으로 보내야한다는 생각에 걱정이 매순간 점점 더 커져갔다. 이것은 원주민이 우리의 카누를 타고 나타날 때까지 계속되었다. 원주민들은 물길을 타고 내려가려던 계단 폭포의 수위가 너무 낮은 탓에 접근하기 힘들다는 것을 알았다. 미로 같은 운하를 지나가려면 뱃길을 찾을 수 있는 수로 안내인이 필요했다.

아투레스 라우달의 남쪽 입구, 즉 오른쪽 강둑에는 원주민들 사이에 널리 알려진 아타루이페 동굴이 있다. 주변 지역 사방의 자연 특성은 거대하고 진지하여, 일종의 종족 묘지라고 할 만했다. 가파르고 완전히 밋밋한 화강암 벽을 힘겹게 올라가는데, 거대한 심연으로 굴러 떨어질 위험도 있다. 매끄러운 표면에 단단히 발을 딛는 것은 거의 불가능하며, 장석(長石)의 커다란 결정들은 풍화로 인해 바위에서 1인치 정도도 튀어나와 있지 않은 것 같다.

산의 정상에 간신히 도달하면, 사방을 에워싼 탁 트인 조망에 놀라게 된다. 거품을 내는 강바닥에서부터 숲으로 장식된 언덕이 솟아 있다. 강 저편, 서쪽 해안 저 멀리, 눈길이 메타 강의 어마어마한 초원에 머문다. 점점 부피를 키우며 위협하는 구름을 가두는 둑처럼 지평선에 우니아마 산맥이 어렴풋이 보였다. 먼 곳의 경치는 이렇고, 가까운 주변은 모든 것이 황량하고 폐쇄되었다. 깊게 파인 계곡에는 깍깍거리며 우는 쏙독새와 독수리가 외로이 날아다닌다. 밋밋한 암벽에는 이 새들이 지나가며 만들어내는 그림자가 살그머니 드리워진다.

이 분지 계곡은 둥근 산꼭대기들에 거대한 화강암 바위들을 이고 있는 산들로 둘러져 있다. 이 화강암 바위들의 지름은 40내지 50피트이다. 이것들은 아래 한 지점만 땅에 닿아있어, 땅이 살짝만 흔들려도 굴러 떨어질 것 같다.

암벽 계곡의 뒷부분은 울창한 활엽수로 덮여 있다. 이 그늘진 곳에서 아타루이페의 동굴이 입을 벌리고 있다. 그런데 사실은 동굴이 아니라, 둥근 천정을 가진 공간, 넓게 돌출된 바윗덩어리인데, 예전에 이 높이까지 도달했던 강물에 씻겨서 패인 만이다. 이 장소는 절멸된 부족의 무덤이기도 하다. 우리는 대략 600구 정도의 잘 보존된 해골이 같은 수의 야자 잎줄기로 짠 바구니에 들어있는 것을 발견했다. 원주민들이 마피레라고 부르는 이 바구니는 4각형의 자루와 같은 형태로, 사망자의 연령에 따라 크기가 다양했다. 갓 태어난 아이들도 자신들의 마피레에 들어가 있었다. 해골들은 정말 완벽히 잘 보존되어 있어서, 갈비뼈 하나, 손가락뼈 한 마디도 사라지지 않았다. 뼈는 표백하거나 오노토 즉 빅사 오렐라나[145]의 염료로 붉게 물들이기도 하고, 향기 좋은 수지에 넣어 바나나 잎으로 미라처럼 감싸 처리했다. 숨이 끊어진 지 얼마 안 된 시신을 습기 찬 흙에 몇 달 묻어두어 근육이 차츰 부패되게 놔두었다가, 시신을 다시 파내 날카로운 돌로 뼈에서 살을 걷어냈을 것이라고 원주민들은 확신했다. 기아나의 많은 부족들이 여전히 이런 방식을 사용하고 있다고 했다. 마피레 혹은 바구니 옆에는 진흙으로 된 초벌구이 항아리들도 뉘어 있었다. 이것들은 가족 전체의 유골을 담고 있는 것 같았다.

이런 항아리들 중에 가장 큰 것은 높이가 3피트에 길이가 5$\frac{1}{2}$피트 정도 되었다. 멋진 초록빛 계란형으로, 악어와 뱀 형상의 손잡이가 달려 있다. 위쪽 입구 가장자리에는 소용돌이무늬와 미로 형태 무늬가 장식되었다. 이런 장식들은 미틀라[146]에 있는 멕시코 궁전 벽을 덮고 있는 것들과

145 Bixa orellana: 빅사과의 관목. 착색제 안나토의 재료로 쓰인다.

146 미틀라(San Pablo de Mitla): 멕시코의 도시 및 지방 자치 단체로 미틀라 고고학 유적지로 가

아주 닮았다. 인간 문화의 모든 영역, 다양한 단계에서 이런 장식들이 발견된다. 그리스인들과 로마인들 사이에서, 또한 타이티와 남태평양의 다른 섬의 원주민들의 방패들에서, 규칙적인 형태를 리듬감 있게 반복하여 눈을 즐겁게 해주는 모든 곳에서 말이다. 이런 유사성은, 내가 다른 장소에서 발전시켰던 것처럼, 동일한 혈통과 민족들 간의 오래된 교류를 증명하기보다는, 심리적 이유들 즉 우리의 정신적 성향의 내적 특성에 기인한다고 볼 수 있다.

우리의 통역사는 이런 유골함이 얼마나 오래되었는지에 대한 확실한 정보를 줄 수 없었다. 그러나 대부분의 유골은 100년 이상 된 것 같지는 않았다. 구아레카 원주민들 사이의 전설에 따르면, 용감한 아투르족들은 인간을 먹는 카리브족[147]들에게 위협을 당해 커다란 폭포들의 절벽으로 피신했다. 그곳은 위협을 받던 부족이 그들의 언어와 함께 멸망한 슬픈 거주지가 되고 말았다. 가장 접근하기 어려운 라우달에는 이와 비슷한 무덤들이 있는데, 아투르족의 마지막 가문은 한참 뒤에야 절멸한 것 같다. 왜냐하면 (기묘한 사실인데) 마이푸레스에는 늙은 앵무새 한 마리가 아직 살고 있기 때문이다. 원주민들은 이 새가 아투르족 언어로 말을 하기 때문에 알아듣지 못한다고 한다.

원주민 가이드들은 굉장히 불쾌해했지만, 우리는 여러 개의 두개골과 어떤 고령의 남자의 완벽한 해골을 수집한 뒤, 해질녘에 동굴을 떠났다. 이 두개골 중의 하나를 불루멘바하[148]는 두개골학에 관한 그의 우수한 저술

장 유명.

147 카리브 족: 여러 가지의 이름의 남부와 중아 아메리카 부족. 8세기와 15세기 사이에 카리브족은 스페인 사람들이 나중에 카리브 해라고 불렀던 지역으로 이주 했고 앤틸리스 제도에서는 더 일찍 이주한 타이노족을 억압했다.

148 요한 프리드리히 불루멘바하(Johann Friedrich Blumenbach, 1752-1840): 독일 해부학자

에서 정확하게 모사했다. 하지만 그 해골은 우리가 수집한 대부분의 박물학 수집품들, 특히 곤충학의 수집품들과 마찬가지로 배가 난파될 때 잃어버렸다. 아프리카 해안에서 벌어진 이 사고는 우리의 친구이자 이전의 여행 가이드였던 프란체스코파의 젊은 수도사 후안 곤살레스의 목숨도 가져갔다.

이 고통스러운 상실을 예감한 듯, 우리는 심상찮은 느낌을 받으며 사라져버린 부족의 무덤에서 멀어졌다. 그날은 회귀선 아래에서 보통 그렇듯이 청명하고 서늘한 저녁이었다. 색색의 달무리들에 둘러싸인 채 하늘 높이 떠 있는 보름달이 안개의 가장자리를 비추었다. 안개는 뚜렷한 윤곽을 드러내며 거품이 이는 강을 구름처럼 덮었다. 수많은 벌레들이 풀로 덮인 대지 위로 붉은 인광을 내뿜었다. 지면은 살아 있는 불로 빛났다. 별이 가득한 창공이 초원에 내려앉은 것 같았다. 덩굴을 뻗은 능소화과 풀, 향기를 풍기는 바닐라, 노랗게 꽃이 만발한 바니스테리아가 동굴의 입구를 덮고 있었다. 무덤 위로는 야자수의 우듬지들이 쏴쏴 소리를 내며 흔들리고 있었다.

인간 종족은 그렇게 사라진다. 종족들의 명예로운 이야기도 점점 소멸된다. 그러나 정신의 모든 꽃이 시들고, 시간의 강물 속에서 창조적인 예술작품이 흩어져 사라진다고 해도, 대지의 품에서는 새로운 생명이 부단히 움터 나온다. 생명을 탄생시키는 자연은, 죄를 범하는 인간(절대 온건해지지 않는 종족)이 무르익어 가는 열매를 유린하거나 말거나 상관하지 않고, 그 꽃봉오리를 쉼 없이 피어낸다.

이자 인류학자.

Ideen zu einer Geographie der Planzen nebst einem Naturgemälde der Tropenländer

원시림 속 동물들의 야간 생활

민족마다 자연을 대하는 감정의 생동감이 그렇게나 다르다면, 여러 민족이 현재 살거나 오래전에 이주해서 살고 있는 지역의 상태, 산의 형태와 식생 상태, 대기의 움직임의 양상, 구름의 윤곽이나 무리에 대해 예리하게 표현하는 단어들이 대체로 풍부하다면, 이러 표현의 많은 것들은 오랜 기간 동안의 사용과 문학적 자의를 통해 원래의 의미로부터 멀어지게 된다. 그래서 별개의 의미를 가져야만 하는 것이 점차 동의어로 간주되어 버리고, 언어는 자연을 묘사할 때, 풍경의 인상학적 특성을 서술할 수 있는 우아함과 힘 중에 일부를 잃어버린다. 자연과의 내적 교감과 고달픈 유목 생활의 궁핍이 가져온 언어적 풍부함을 보여줄 수 있는 독특한 용어가 많은 지역이 있다. 바로 아라비아와 페르시아 지역인데, 이곳에서는 이런 명칭들을 통해 평원과 스텝과 사막이 구분된다. 즉 완전히 벌거숭이인가, 아니면 모래로 덮였는가, 아니면 절벽으로 나뉘었는가에 따라서 구분되고, 고립된 목초지들이 있는가, 아니면 군집 식물의 길게 늘어선 지대를 만들어내는가에 따라서 구분된다. 옛 카스티야 관용어에 있는 여러 표현들도 특이하다고 할 수 있다. 태양 아래 모든 곳에서 나타나는 산 형태 그리고 심지어 이미 저 멀리에서 암석의 특성을 알려주는 산 형태의 인상에 대한 표현들이다. 스페인 혈통의 부족들은 안데스 산맥의 언덕과 카나리아 제도, 앤틸리스 제도, 필리핀 섬들의 산악 지대에 살고 있다. 그리고 그곳 토지의 형태는 (히말라야와 티베트 고원을 제외한) 지구의 그 어떤 곳보다 거대한 규모로 거주민의 생활 양식을 만들어낸다. 그 때문에 조면암 지대, 현무암 지대, 반암 지대 및 점판암 산맥, 석회암 산맥, 사암 산맥에 있는 산의 형태에 대한 표현이 다행히도 일상 언어에 남아있다. 신조어도 언어라는 공동의 보물이 된다. 인간의 언어는 자연의 진리를 암시하는 모든 것을 통해 살아 움직인다. 외부 세계에서 받아들인 감각적 인상의 재현에서건, 깊이 감동받은 사고와 내적 감정의 재현에서건 상관없이 그렇다.

이런 진리를 향한 끊임없는 노력의 목적은 현상을 이해하고 독특한 표현을 선택하면서 자연에 관해 모든 것을 설명하는 것이다. 이 목적은 직접 관찰하는 사람 즉 직접 경험한 사람이 단순하게 설명할 때, 설명하는 상황을 한정적으로 개별화시킬 때 가장 쉽게 이루어진다. 물질적인 모습의 일반화와 그 결과들의 열거가 우주학이라 할 수 있다. 물론 우주학은 아직도 우리에게는 귀납적인 과학이다. 하지만 (지구 전 생명체 중에서 작은 부분인) 지구의 다양한 형태의 표면과 맺는 자연적 장소 관계 안에서 (동물과 식물의) 유기체들에 대한 생생한 묘사는 우주학에 자료를 제공한다. 그런 서술은 위대한 자연 현상들에 대하여 미학적 논의를 가능하게 할 때마다, 생각에 자극을 준다.

남아메리카의 열대 지역에서, 오리노코 강과 아마존 강의 서로 연결된 유역을 채우는 어마어마한 삼림 지역도 이런 현상들에 속한다. 원시림이라는 명칭이 근래에 들어서는 상당히 잘못 사용되고 있기는 하지만, 이 지역은 단어의 가장 엄밀한 의미에서 원시림이라고 불릴 만하다. 원시림, 원시시대 그리고 원시민족은 상당히 모호한 개념들로서, 대부분은 그저 상대적인 뜻일 뿐이다. 인간의 파괴적인 손이 닿지 않는 우거진 나무로 가득한 모든 야생의 숲을 원시림이라고 부른다면, 그 현상은 온대와 냉대 지역 많은 부분의 전형적인 특징이라 할 수 있다. 그런데 그 특징을 지름 8피트에서 12피트 정도 나무 사이의 긴 구역에 어떤 식으로든 길을 낼 수 없다는 불가능성, 침투 불가능성에 둔다면, 원시림은 열대 지역에만 속한다. 유럽에서 동화와 같은 이야기를 할 때, 숲속을 들여다볼 수 없게 만드는 식물은 로프 모양으로 휘감아 올라가는 덩굴식물(또는 덩굴나무)인데, 열대의 원시림은 절대 그런 식물이 아니었다. 덩굴나무[149]는 종종 덤불숲 중에서 아주 적은 수에 불과할 뿐이다. 가장 큰 장애가 되는 것은 모든 중간 영역을 채우는 관목 형태의 나무들로, 땅을 덮고 있는 모든 것이 나무처럼 변해버리는 그런 지역에 있다. 여행자들이 막 열대 지방에 도착했을 때, 그것도 섬에 도착해 해안가 근처에서 있으면서 원시림 안에 들어왔다고 믿는다면, 그건 아마 오랫동안 기대했던 소망을 이루겠다는 갈망을 지니고 있기에 그런 착각을 한 것일 게다. 모든 열대 숲이 원시림은 아니다. 나는 내 여행기에서 원시림이라는 단어는 거의 사용하지 않았다. 하지만 현재 생존해 있는 모든 자연 연구가들 중에서 봉플랑, 마르티우스[150], 푀피히[151], 로베르트[152]와 리하르트 숌부르크[153]와 더불어, 나 역시도 거대한 대륙의

149 덩굴나무 또는 만목(蔓木, liana): 덩굴식물인 목본식물로, 땅에 뿌리를 내리고 주변의 교목 따위 수직 지지대가 될 만한 것을 휘감고 태양광을 많이 받을 수 있는 임관 위까지 뻗어나가는 식으로 생활한다. 만목은 열대 · 아열대 습윤활엽수림, 특히 그중에서도 열대 계절림을 대표하는 식물 생장 방식이지만 온대우림에서도 발견된다. 칡덩굴이나 포도덩굴이 대표적인 온대우림 만목이다.

150 카를 프리드리히 필립 마르티우스(Carl Friedrich Philipp Martius, 1794-1868): 독일 자연과학자, 식물학자, 민속학자. 1817년부터 1820년까지 브라질 여행. 아마존과 열대 지역의 식물계에 대한 연구를 했다. 특히 '야자'에 대한 연구에 집중, '야자의 아버지'로 알려졌다. 브라질 원주민의 삶, 문화, 언어 연구에도 집중했다.

151 에두아르트 프리드리히 푀피히(Eduard Friedrich Poeppig, 원래는 Pöpig, 1798-1868): 독일 동물학자, 식물학자, 지리학자, 탐험가, 19세기의 가장 중요한 아메리카 연구자.

152 로베르트 헤르만 숌부르크(Robert Hermann Schomburgk, 1804-1865): 독일 탐험 여행가.

153 모리츠 리하르트 숌부르크(Moritz Richard Schomburgk, 1811-1891): 독일 식물학자, 탐험 여행가.

가장 깊은 곳에서 제일 오랫동안 원시림 속에서 산 사람이라고 생각한다.

이미 앞에서 언급했듯이 스페인어에서는 자연을 묘사하는 단어가 눈에 띄게 풍부하지만, 이 글에서는 산과 숲을 뜻하는 쎄로(몬타냐)와 셀바 대신에 단 한 단어 몬테를 사용할 것이다.[154] 안데스 산맥의 실제 폭과 동쪽을 향해 가장 넓게 펼쳐진 부분에 관한 연구에서 나는 몬테라는 단어의 이중의 의미가 어떻게 잘못 사용되었는지를 보여 주었다. 즉 널리 유포된 아름다운 영어 지도에서 남아메리카의 평야들이 높은 산들로 표시되어 버린 것이다. 다른 많은 지도의 근간이 된 라 크루스 올메디아[155]의 스페인 지도가 몬테스 데 카카오 즉 카카오 숲이라고 표시한 곳에 코르디예라스[156]가 생성되어 있다. 물론 카카오나무가 제일 더운 저지대만 있기는 하지만.

베네수엘라의 스텝(로스 야노스 데 카라카스)과 (북위 8도와 남위 19도 사이) 부에노스아이레스 팜파스 사이의 남아메리카 전체를 차지하는 산림 지역을 한 가지 관점으로 파악해본다면, 대지에 펼쳐진 규모에 있어서는 그 어떤 지역도 열대 지역에 연결된 이 힐래아에 필적하지 않는다는 것을 알게 된다. 이 힐래아는 독일 면적의 약 12배이다. 이곳은 사방이 수많은 강들과 개울들에 의해 나뉘는데, 이 강들의 1급, 2급의 지류들은 때때로 도나우 강이나 라인 강의 수량을 능가한다. 이 지역의 나무가 놀랍게 번성하는 것은 엄청난 습기와 온기라는 이중 작용 덕분이다. 온대 지역 특히 유럽과 북아시아에서 숲들은, 군생 식물(plantae sociales)로서 함께 자라면서 숲을

154 cerro: 산, 언덕, / montaña: 산, 산지, 산맥 / selva: 밀림, 정글 / monte: 산, 산림, 나무로 덮인 들, 작은 관목 숲 혹은 잡목 숲.

155 후안 데 라 크루스 카노 이 올메디야(Juan de la Cruz Cano y Olmedilla, 1734-1790): 스페인어 지도 제작자로 스페인과 라틴 아메리카에 있는 스페인 소유 지역의 지도를 만들었다.

156 코르디예라스: 스페인어의 cordillera의 복수 형태로 산계, 산맥이라는 뜻. 지형으로는 콜롬비아 산지를 지나면 산맥이 세 갈래로 나뉘는데, 이를 코르디예라스(cordilleras)라고 한다.

만드는 수목들의 종류에 따라서 불릴 수 있다.

지구 북쪽 지역의 참나무 숲, 전나무 숲과 자작나무 숲 그리고 동쪽의 보리수 숲에는 보통 미상화서류, 송백과류, 피나무과만 산다. 가끔 한 종류의 침엽수가 활엽수와 섞여 있기도 하다. 군락을 이룰 때 이와 같은 동종의 모습은 열대 산림에서는 알려져 있지 않다. 꽃이 풍부하게 피는 숲의 식물군의 어마어마한 다양성은, "원시림은 무엇으로 이루어졌을까?"하는 질문을 허락하지 않는다. 이곳에서는 수많은 종이 밀집해 있지만, 작은 공간들에서조차 같은 종끼리 겹치는 법이 없다. 매일 그리고 장소가 바뀔 때마다 새로운 형태의 식물들이 여행자에게 나타난다. 자주 꽃들이 보이기도 하는데, 잎의 형태나 갈려져 나간 가지가 주의를 끌기도 하지만, 꽃은 손으로 잡을 수 없는 거리에 있다.

수많은 지류를 품은 강물들이 이 땅을 지나는 유일한 길이다. 오리노코 강과 카시키아레 강 그리고 리오네그로 사이에서 천문학적 관찰은 또는 이런 관찰이 부족하여 강 만곡을 컴퍼스로 측량한 결과들은, 외떨어진 두 선교 마을이 불과 몇 마일밖에 떨어져 있지 않다는 사실을 수차례 보여 주었다. 선교 마을에 근무하는 수도사들이 나무줄기를 깎아 만든 카누로 작은 강들을 굽이굽이 돌아 서로 방문하는 데는 하루 반이나 걸린다. 숲의 일부 지역은 절대 통과할 수 없다. 이를 보여 주는 확실한 증거는 커다란 아메리칸 타이거나 표범과 같은 재규어의 생활 방식의 특성에서 나타난다. 야노스와 팜파스, 바리나스, 메타와 부에노스아이레스의 나무 없는 넓은 풀밭에서는 맹수들이 유럽에서 들여온 소, 말, 버새로 인해 풍부한 먹이를 찾았고, 아메리카가 발견된 이후 그곳에서 소 떼와 대등하지 않은 싸움을 벌이면서 눈에 띄게 그 수가 증가했다. 반면 오리노코 강 근처의 밀림과 강의 원천들에서 살고 있는 동일한 종(種)의 다른 개체들은 힘겨운 삶을 이어간다. 우리는 (우리의 귀하고 다정한 여행 동반자였던) 그레이트데인 종의 커다란 개를 오리노코 강으로 흘러가는 카시키아레 강어귀 근처에서 야영할 때 잃어버렸다. 혹시 타이거에게 갈기갈기 찢긴 것은 아닐지 의심하면서 에스메랄다 선교 마을의 우글거리는 벌레 떼로부터 되돌아와서, 헛되이 오랫동안 개를 찾아다녔던 곳에서 하룻밤 더 보냈다.

또 다시 재규어들—어쩌면 우리 개를 해친 녀석들이 아닐까 하는 바로 그 녀석들—의 울부짖음이 아주 가까이서 들렸다. 구름 낀 하늘이 아예 별을 관찰할 수 없게 만들어서, 노잡이인 원주민들이 주변의 타이거들에 대해 말하는 것을 수다스러운 통역자에게 반복하게 했다.

이런 타이거들 가운데 일명 검은 재규어도 드물지 않았다. 검은 재규어는 제일 덩치가 크고, 피에 굶주린 변종으로, 짙은 갈색의 털에 거의 눈에 띄지 않는 검은 반점이 있다. 이 동물은 마라구아카와 운투란 산맥 기슭에 산다. 두리문드 부족 출신의 원주민이 이야기했다. "재규어들은 방랑벽과 사냥 욕구가 있어서, 땅에서는 사냥을 할 수 없고 앞이 보이지 않는 빽빽한 숲속에 자신을 숨겨요. 원숭이 무리랑 꼬리가 말린 킨카주 무리한테는 끔찍한 일이지만, 그렇게 오랫동안 나무 위에서 살아요." 이 부분은 내 독일어 일기들 중에서 발췌한 것인데, 이 일기장들은 내가 프랑스어로 출판한 여행기에서는 충분히 다루지 않았다. 그 일기장들은 열대 지역 숲에서의 야행성 동물 목소리라고 말할 수 있을, 야행성 동물 삶에 대한 꼼꼼한 기록을 담고 있다. 이런 묘사는 제목이 『자연의 풍경들』(Ansichten der Natur)일 책에 들어가는 것이 특히 어울린다고 생각한다. 현상이 발생한 순간에, 또는 인상을 받은 직후에 써놓은 것은 나중에 기억을 되살리는 것보다 훨씬 더 생생하다고 할 수 있다.

사막과 스텝에 대한 논문에서 아프레 강의 범람에 대해 생각한 적이 있었는데, 바로 이 아프레 강을 통과해 우리는 서쪽에서 동쪽으로 배를 타고 가면서 오리노코 강의 하상에 도착했다. 수위가 낮은 시기였다. 아푸레 강의 중간 폭은 1200피트가 채 못 되었다. 반면 아푸레 강과 합류하는 곳(쿠리키마 화강암괴에서 멀리 떨어지지 않은 곳으로, 내가 위치선[157]을 측정할 수 있었던 곳)에서의 오리노코의 강폭은 11,430피트가 넘었다. 그런데 이 지점, 쿠리키마 화강암괴는 바다와 오리노코 델타에서부터 직선거리로 100지질학 마일 떨어져있다. 아푸레 강과 파야라 강이 흐르며 지나가는 평야의 한 부분에는 야루로와 아챠구아 족들이 살고 있다. 수도사들의 선교 마을에서는 그들을 야만인이라 불렀는데, 이들이 독자적으로 살기를 원했기 때문이다. 그들의 원시적인 관습의 정도에 대해서 말하자면, 그들은 세례를 받아 '종(鐘) 아래서(bajo la campana)' 살지만, 모든 교육이나 가르침에서 동떨어진 사람들과 아주 흡사했다.

스페인어를 말하는 삼보(Zambo)족들이 사탕수수를 키우는 디아만테 섬에서부터 거대하고 거친 자연에 계속 발을 들여놓는다. 수시로 윤곽을 바꾸는 어두운 구름처럼, 푸른 하늘로 날아오르는 수많은 플라밍고와 또 다른 물새들로 하늘이 가득했다. 하상(河床)은 900피트 폭까지 좁아지고, 완벽한 직선 수로를 형성하고, 이 수로 양쪽을 울창한 삼림 지대가 에워싸고 있다. 숲 가장자리는 익숙하지 않은 풍경이다. 실거리나무와 참죽나무와 데즈만더스의 거대한 줄기들로 이루어져 거의 침투할 수 없는 벽 앞에, 모래로 된 강둑 위에는 키 작은 말오줌나무 덤불이 아주 규칙적으로 자라고 있다. 이 덤불의 높이는 4피트 정도이고, 헤르메시아 카스타네이폴리아[158]라는 대극과식물[159]의 새로운 종인 작은 관목들로 이뤄져 있다. 이 관

157 위치선(line of position, LOP): 두 위치의 면의 교선으로, 통상은 지구 표면상에 그려진 선. 각각의 선은 항법 정보가 일정치의 궤도를 보여준다.

158 Hermesia castaneifolia: Alchornea castaneifolia와 같은 이름으로. 관목 또는 나무이며 주로 습한 열대 생물 군에서 자란다.

159 원문은 Euphorbiazeen이나, Euphorbiaceae으로 추측된다.

목들 가장 가까이에는 가늘고 가시가 달린 종려나무 몇 그루가 서 있는데, 스페인 사람들은 이 나무를 피리투 혹은 코로소라고 부른다(아마 마르티네치아 속이나 박트리스 속일 것이다). 이 모든 것은 정원의 다듬어진 생울타리와 똑같았다. 이 생울타리에 큰 간격으로 성문처럼 생긴 구멍이 있을 뿐이었다. 이 구멍은 숲에 사는 거대한 네 발 짐승들이 편안하게 강에 도달하려고 직접 만든 것들이었다. 특히 이른 아침과 해가 질 무렵, 새끼에게 물을 먹이려고 아메리카 타이거, 타피어와 사향돼지들이 이 구멍으로 나오는 모습을 볼 수 있다. 그런데 이 동물들이 그곳을 지나가는 원주민들의 카누 때문에 불안해서 숲으로 돌아가려고 할 때는, 말오줌나무 생울타리에 맹렬하게 통로를 뚫으려고 하지 않는다. 대신 야생동물들은 생울타리와 강 사이를 천천히 4,500걸음 계속 걸어가서는 가장 가까운 곳에 있는 구멍으로 사라진다. 이를 보는 것은 즐거운 일이다. 우리는 오리노코 강에서 74일을 여행하는 동안, 380지리학 마일을 여행하여 그 근원에 가까이 갔었고, 잠시이지만 카시키아레 강과 리오 네그로에서 좁은 카누에 갇혀 있기도 했다. 그동안 여러 곳에서 동일한 광경이 반복되어 정말 놀랐다. 그것도 늘 새로운 매력을 주면서 말이다. 물을 마시거나, 목욕하거나 물고기를 잡기 위해 정말 다양한 종류의 동물들이 나타났다, 거대한 포유류와 함께 다채로운 색의 왜가리와 팔라메데아[새], 당당하게 뽐내며 걷는 봉관조(Crax Alector, C. Pauxi)가 나타났다. "이곳은 낙원 같네요." 사제의 집에서 교육을 받은 키잡이 늙은 원주민이 경건한 표정으로 이렇게 말했다. 하지만 아메리카 동물 세계의 낙원에서는 황금시대[160]의 달콤한 평화가 지배하지 않

160 황금시대: 고대 그리스 사람들은 인간의 시대를 금, 은, 청동, 영웅, 철의 시대로 구분했다. 황금시대는 크로노스가 지배하던 시대이고, 나머지 4시대는 제우스가 지배하는 시대이다. 황금시대에는 인간과 동물이 모두 평화롭게 살았다. 인간은 아무 걱정도 없이 노동도 하지 않고 슬픔도 겪지 않으면서 신처럼 살았다. 비참한 노년도 없었고, 살아 있는 동안 튼튼한 손발을 지녔으며, 축제의 즐

는다. 대신에 피조물들은 서로서로를 경계하고 피한다. 3에서 4피트 길이의 물돼지 카피바라는 보통의 브라질 바다돼지인 카비아 아구티와 굉장히 닮은 종으로 강에서는 악어에게, 육지에서는 타이거에게 잡아먹힌다. 게다가 이 동물은 달리기를 정말 못해서, 우리는 몇 번이나 수많은 무리 중에서 몇 놈을 따라잡아 잡을 수도 있었다.

산타 바르바라 데 아리추나의 선교 마을 아래쪽에서 우리는 평상시처럼 아푸레 강가의 모래 평지에서 야영하며 밤을 보냈다. 모래 평지는 가까이에 있는 울창한 숲에 둘러싸여 있었다. 우리는 불쏘시개로 쓸 마른 나무를 찾는데 애를 먹었다. 육지에서의 관례에 따라 야영할 때마다 재규어의 공격을 막기 위해 불로 주변을 에워싸야 했다. 밤은 달이 밝고 약간 습했다. 악어 몇 마리가 강가로 다가왔다. 불 때문에 가재와 다른 많은 수중 동물이 꼬이듯, 악어도 그런 것 같다는 생각이 들었다. 우리는 해먹을 고정하기 위해 배의 노를 꼼꼼히 바닥에 박았다. 깊은 정적이 감돌았다. 민물 돌고래의 거센 콧김 소리만이 가끔 들릴 뿐이었다. 이 돌고래들은 (콜브룩[161]에 따르면) 갠지스 강에서 저 멀리 바라나시에서, 오리노코 강의 하천망에서 사는 토종 동물들로 길게 열을 지으며 서로 뒤따라 다닌다.

11시 이후에 나머지 밤잠을 모두 없애버릴 만한 소음이 가까운 숲에서 들렸다. 짐승의 거친 울음소리가 숲을 뒤흔들었다. 동시에 울려 퍼진 수많은 소리들 중에서, 원주민들은 잠깐 멈춘 뒤에 들려오는 각각의 울음소리만을 구별해낼 수 있었다. 그것은 알루아타(고함원숭이)의 단조롭게 칭얼대는 울음소리, 작은 거미원숭이의 가늘게 피리 부는 듯한 소리, 얼룩무늬 밤

거움을 누렸고 모든 악으로부터 벗어나 있었다. 이들은 마치 잠에 빠져들듯 죽음을 맞이했다. 모든 좋은 것들은 그들의 것이었으며, 기름진 땅은 그들에게 풍요한 수확을 안겨주었다.

161 헨리 토마스 콜부룩(Henry Thomas Colebrooke, 1765-1837): 영국의 동양학자이자 수학자.

원숭이(내가 처음에 언급했던 Nyctipithecus trivirgatus)의 그르렁대는 듯한 으르렁 소리, 커다란 타이거와 쿠거 혹은 갈기가 없는 아메리카 사자, 페커리, 나무늘보와 앵무새 떼, 파라과(Ortalis 속) 떼와 다른 꿩과 새 떼가 내는 두드러진 울음소리들이었다. 타이거가 숲 가장자리 가까이로 오면, 이전부터 계속 짖고 있던 우리 개는 낑낑거리며 그물 침대 아래로 숨을 자리를 찾았다. 가끔은 타이거의 울음이 나무 꼭대기에서 아래로 울려오기도 했다. 그런 다음에는 원망하는 듯한 원숭이들의 피리소리 같은 울음이 끝없이 울려왔다. 그 녀석들은 낯선 추적에서 벗어나려고 했다.

원주민들에게 왜 어떤 밤에는 이렇게 끊임없이 소음이 들리는지 물어봤더니, 그들이 웃으면서 이렇게 대답했다. "짐승들은 아름다운 달빛을 좋아해요. 그놈들이 보름달을 환영하는 거예요." 나한테는 이 장면은 그냥 우연히 생기더니, 오랫동안 지속하다가 점점 심해지며 발전하는 동물의 싸움 같았다. 재규어가 배꼽돼지와 맥을 쫓는다. 이 녀석들은 함께 바싹 붙어 쫓기면서, 도주를 방해하는 관목들을 부셔버린다. 이것에 놀란 원숭이들이 나무 꼭대기에서 비명을 지르니 아래로 울려서 자신들보다 더 큰 동물들의 울부짖음에 뒤섞인다. 원숭이들은 나무 위에 함께 보금자리를 튼 새무리들을 깨운다. 그렇게 해서 점차 모든 동물 세계가 흥분에 빠지게 되는 것이다.

오랜 시간 축적한 경험으로 우리는 숲의 고요를 방해하는 것은 절대로 "환영받는 달빛" 때문이 아니라는 것을 배웠다. 동물 울음소리는 비가 심하게 올 때나, 아니면 우르릉하고 천둥이 치며 번개가 숲의 안쪽을 밝게 비칠 때 가장 격렬했다. 몇 개월 동안이나 열병에 시달린 친절한 프란체스코회의 수도사는 아루투어와 마이푸레스 폭포를 지나, 리오네그로의 산 카를로스 쪽을 향해 브라질 국경까지 우리와 동행했는데, 그는 밤이 다가올 때 뇌우를 두려워하며 이렇게 말하곤 했다. "하늘이 우리에게 하듯이, 숲의 야생동물들에게도 편안한 밤을 허락해 주시옵소서!"

내가 여기서 묘사하고, 자주 반복되는 자연의 장면들은 비정상으로 뜨거운 열대 날들을 지배하는 한낮의 정적과 놀랍게 대비된다. 나는 바라구안의 협로에서 경험했던 기억을 같은 일기장에서 가져온다.

여기서 오리노코 강은 파리메 산맥의 서쪽 부분을 뚫고 길 하나를 낸다. 이 기묘한 통로 안에 앙고스투라 델 바라구안 즉 바라구안의 좁은 곳이라 불리는 하천 협로는 폭이 거의 890토아즈(5340피트)나 되는 저수지이다. 아페이바 티부루[162]의 말라빠진 늙은 줄기와 새로 자란 알라만다 카타르티카[163]를 제외하면, 민둥한 바위에는 은빛 크로톤 관목 몇 그루밖에 없었다. 우뚝 솟은 화강암 절벽에 몇 센티 거리를 두고 바싹 다가가 관찰해 보니, 그늘인데도 온도계가 열씨[164] 40도 이상 올라갔다. 멀리 있는 모든 사물의 윤곽은, 반사와 광변위(신기루) 결과로 물결처럼 일렁거렸다. 대지의 먼지투성이 모래를 건드리는 바람은 한 점도 없었고, 태양은 하늘 한가운데 떠 있었다. 태양이 강물 위로 쏟아 붓는 엄청난 빛이 강에 반사되고, 파도의 조용한 움직임 속에서 반짝이면서, 광활한 공간을 에워싼 실안개의 붉은빛을 더 기이하게 보이게 했다. 모든 바윗덩어리와 매끌매끌한 큰 바위들은 거대하고 두꺼운 비늘이 있는 이구아나, 게코 도마뱀, 얼룩덜룩한

---

162 아페이바 티부루(Apeiba tibourbou): 브라질과 코스타리카의 Caatinga 및 Cerrado 식물에 자생하는 나무로, 종이를 만드는 대체 섬유 작물로 사용된다.

163 알라만다 카타르티카(Allamanda cathartica): 브라질 원산. 일반적인 트럼펫 덩굴 및 노란색 알라만다라고 불리는 알라만다 카타르티카는 아포시네세아과에 속하는 알라만다 속의 꽃이 피는 식물의 종.

164 프랑스 곤충학자이자 작가로서 다양한 분야, 특히 곤충 연구에 기여한 르네 레오뮈르(ené Antoine Ferchault de Réaumur)가 제안한 온도 체계를 열씨라 부른다. 1기압에서 물의 어는점은 0°Re, 끓는점은 80°Re이다. 레오뮈르를 중국어로 음차하여 열씨로 부르는데 현재는 사용되지 않는다.

불도롱뇽들로 덮여 있었다. 대가리는 쳐들고 입은 크게 벌린 채 꼼짝 않고 있는 그 동물들은 뜨거운 대기를 기꺼이 흡입하는 듯 보였다. 이보다 큰 동물들은 숲의 울창함 속으로, 새들은 나뭇잎 아래로 혹은 바위 틈새로 몸을 숨긴다. 그러나 이렇게 눈에 보이는 자연의 정적 속에서 우리에게 다가오는 가장 낮은 소리에 귀를 기울여 본다면, 대지 가까이, 대기권의 아래층에 있는 벌레들의 둔탁한 소음, 휙휙 날아다니며 윙윙대는 소리를 들을 수 있다. 모든 것이 활동적인 유기체적 힘의 세계를 알려준다. 모든 관목들 안에서, 나무의 갈라진 껍질 안에서, 벌들이 살고 있는 무른 땅 속에서 삶이 활동하여 귀에 들리는 것이다. 마치 자연의 많은 목소리 중의 하나처럼, 경건하고 아주 민감한 인간의 감성에 들려온다.

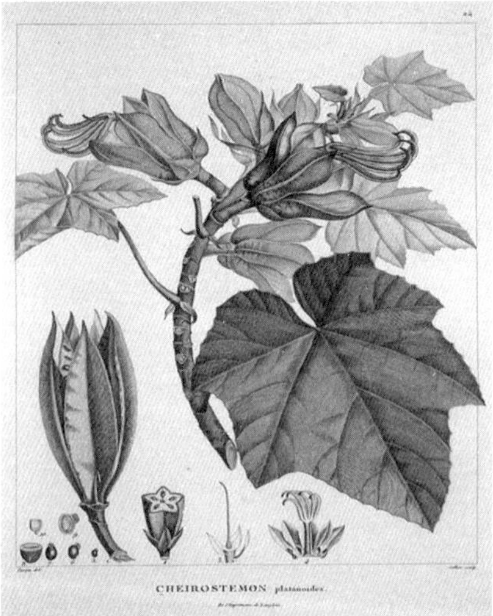

Chiranthodendron pentadactylon by Alexander von Humboldt.

식물 인상학에 대한 여러 생각

활발한 성향을 가진 인간이 자연을 탐구하거나, 유기체 창조물의 넓은 범위를 상상 속에서 숙고할 때, 그가 느낀 다양한 인상들 중에서 단 하나라도 도처에 존재하는 생명의 충만함의 영향보다 더 깊고 강력하게 작용하는 것은 없다. 어느 곳이나, 심지어 얼음으로 뒤덮인 극지방 근처에서조차, 대기는 새들의 노래와 떼 지어 다니는 곤충들의 붕붕거리는 소리로 가득하다. 그것들은 짙은 안개가 떠도는 대기의 아래층에서뿐만 아니라 위층 즉 에테르와 같이 청명한 대기층에도 편재해 있다. 페루의 산맥 산등성이를 오르거나 레만 호 남쪽에 있는 산 바이센베르크의 정상을 오를 때, 이 황무지들에서도 동물이 발견되었기 때문이다. 에트나 산보다 거의 8천 피트나 높은 침보라소에서 우리는 나비와 날개 달린 다른 곤충들을 보았다. 그것들은 수직의 기류에 떠밀려 갔어도, 가만히 있지 못하는 탐구욕이 인간의 조심스러운 발걸음을 옮기는 그곳으로 쫓겨가 길을 잃었다. 하지만 그 곤충들이 있는 것을 보면, 식물은 여기서 오래전에 한계에 도달했지만, 동물은 훨씬 더 잘 적응했다는 것을 증명한다. 테네리파의 둥근 봉우리보다 더 높이, 피레네 산맥의 눈 덮인 산등성이 위로, 안데스 산맥의 모든 봉우리보다 더 높은 곳에서 독수리 가운데 거인인 콘도르가 자주 우리 위를 날아다녔다. 눈 덮인 풀밭을 영양처럼 떼 지어 다니고 부드러운 털이 있는 비쿠냐를 잡고 추적하려는 욕구가 이 강력한 새를 이 지역으로 유인한 것이다.

맨눈으로만 봐도 대기 전체에 생명이 편재해 있다는 것을 알 수 있지만, 현미경으로 보면 더욱더 큰 경이로움이 밝혀진다. 증발하는 물에서 불어오는 바람이 윤충류와 완족류 그리고 다수의 미세한 생물체들을 들어올린다. 그것들은 꼼짝도 않고 가사 상태에 빠진 채로 공기 속에 떠돈다. 서리가 녹으면서 이들을 다시 양분이 많은 땅으로 끌어내려, 그 투명한 선형의 몸통을 둘러싸고 있는 껍질을 뚫고 (아마도 모든 물에 포함된 생명소를 통해) 그들의 기관에 새로운 감각을 부여할 때까지 말이다. 에렌베르크[165]의 놀라운 발견에 따르면, 이따금 카포베르데 군도에서부터 저 먼 동쪽을 향해, 북쪽 아프리카로, 이탈리아로, 중부유럽으로 넓게 밀려드는 대서양의 노란색 운석 먼지(먼지안개)는 규소 껍질로 된 미세 유기체의 축적물이다. 그것들 중 많은 것들은 어쩌면 수 년 동안 제일 상층부에서 떠돌다가 가끔 상층 무역풍을 타고, 혹은 수직의 기류를 타고 내려오다가, 유기적인 자기 분열을 하며 생명을 얻었을 것이다.

대기층은 이렇게 육성된 생물들과 함께 미래의 형태들을 만들 수많은 균과 곤충 알, 그리고 실이나 깃털 모양의 관모를 타고 긴 가을 여행을 떠나는 식물의 씨앗들을 나른다. 암수가 구분된 종에서는 수꽃이 흩뿌린 생명 넘치는 먼지들을 바람과 날개 달린 곤충들이 바다와 육지를 넘어 외로운 암꽃에게로 데려다 준다. 자연 연구자의 눈길이 향하는 곳마다 생명 혹은 생명을 위한 싹이 널리 퍼져있다.

우리는 이 움직이는 대기의 바다에 빠져들었지만 그 표면 위로는 오를 수 없다. 이 바다 역시 수많은 유기체 생물들에게 가장 필요한 영양을

165 에렌베르크(Christian Gottfried Ehrenberg, 1795-1876): 독일의 자연주의자, 동물학자, 전문 비교 해부학자. 현미경 사용.

제공한다. 하지만 이때 유기체들은 이 가스 형태의 대양의 바닥만이 제공할 수 있는 훨씬 더 거친 식량을 필요로 한다. 이 바닥은 두 종류로 되어 있다. 그중 좀 더 작은 부분을 형성하는 것은 건조한 대지로, 공기에 직접 닿아 있다. 더 큰 부분은 물이다. 어쩌면 수천 년 전에 전기 불로 인해 가스의 구성 물질에서 나와 합쳐졌고, 지금은 구름 작업장 안의 끊임없는 활동에 그리고 동물과 식물의 약동하는 혈관 안의 끊임없는 활동에 이관되었을 것이다. 유기체들은 지표면의 물들이 천연 동굴이나 인공적인 굴착 작업으로 인해 밀려들어갈 수 있는 곳 어디나, 지구 내부 깊숙이 밀려 내려간다. 지하에 있는 민꽃식물군 영역은 전에는 나의 학술적 연구 대상이었다. 뜨거운 샘물들은 가장 높은 온도에서 작은 딱정벌레와 사상 조류(絲狀藻類), 세균에게 양분을 준다. 북극권에 가까운, 신대륙의 베어 호수에서 리차드슨[166]은 여름에도 20인치 깊이까지 얼어붙은 땅에 만개한 식물들이 장식하고 있는 것을 보았다.

생명의 다양성은 어디에 더 넓게 퍼져 있는가. 대륙에서인가 아니면 바닥을 알 수 없는 바다에서인가, 구분할 수가 없다. 열대 대양과 남극의 부유하거나 고정된 빙산에서의 「미생물의 생태에 대하여」라는 에렌베르크의 훌륭한 논문은 유기체의 영역과 그 생명의 지평을 우리 눈앞에서 넓혀 놓았다. 극에서 12도 지점에서 살고 있는 규석 껍질의 적충류(polygastrica), 즉 코스키노디스쿠스(Coscinodiscus, Coscinodiscaceae 계통의 규조류 속)는 초록색 씨방이 있고, 얼음덩어리에 덮인 채 발견되었다. 마찬가지로 작고 검은 빙하 벼룩인 데소리아 글라키알리스(Desoria glacialis)와

166 존 리차드슨이라 추정된다. Sir John Richardson(1787-1865): 스코틀랜드 자연 연구가. 자연사학자, 의사, 식물학자, 동물학자, 지리학자.

포두렐레(Podurelle)도 아가시[167]가 연구한 스위스 빙하의 좁은 얼음 관에 살고 있다. 에렌베르크는 다수의 미세 적충(돌말류, 규조류) 위에 다른 종류의 생명체가 기생한다는 것과, 갈리오넬라 경우에는 분열과 집단 발달을 하는 엄청난 능력이 있어서, 눈에 보이지 않는 작은 동물들이 4일 만에 빌리나[168] 산 연마석판 2입방 피트를 형성할 수 있다는 것을 보여 주었다. 해양에서는 젤리와 같은 바다벌레들이 때로는 산 채로, 때로는 죽은 채로 마치 빛나는 태양 별처럼 나타난다. 그것들의 인광은 광대한 해양의 녹색 표면을 불바다로 변화시킨다. 높이 떠있는 아르고 별자리와 수직으로 가라앉는 남십자성이 부드러운 푸른 하늘에서부터 그 부드러운 행성의 빛을 쏟아 부울 때, 그와 동시에 바다 거품이 이는 파도 속에서 돌고래가 빛나는 물고랑을 일으키면, 나는 남태평양의 그 고요한 열대의 밤들이 준 인상을 결코 잊을 수가 없을 것이다.

그러나 대양뿐만 아니라 늪지대의 물도 역시 놀라운 형태의 수많은 벌레를 감추고 있다. 시클리드(Cyclidien)와 유글레나(Euglenen) 그리고 나이아드(Naiden)의 무리는 우리 눈에 거의 보이지 않는다. 그리고 이것들은 그 그늘을 찾아드는 좀개구리밥속(Lemna)처럼 서로 다른 분파들로 나뉜다. 다양한 혼합물의 대기에 휩싸이고 모든 빛을 모른 채, 지렁이의 피부에 서식하는 점박이 회충, 다모충의 내부에 사는 은빛 나는 섬모충, 그리고 열대 방울뱀의 넓은 세포의 폐에 서식하는 설충이 숨을 쉰다. 개구리와 연어의 체내에는 흡혈동물이 있다. 노르트만에 의하면 이 흡혈동물은 물고기 눈의 체액이나 담수어의 아가미에도 서식한다. 이렇게 피조물이 가장 깊이

167 장 루이 루돌프 아가시(Jean Louis Rodolphe Agassiz, 1807-1873): 스위스출신의 미국 지질학자, 동물학자.

168 빌리나(Bílina): 보헤미아 북서부의 빌리나 강에 있는 체코 공화국의 마을.

숨어있는 장소도 생명으로 채워져 있다. 그러나 우리는 이제 여기서 한동안 식물계에 머무르려고 한다. 동물의 존재는 바로 이 식물의 존재에 기반을 두고 있기 때문이다. 식물들은 지구의 날것의 재료를 끊임없이 조직하여, 생명의 힘으로, 수천 번 변형한 후 살아 있는 신경섬유 안에 고귀하게 들어있는 것을 함께 섞으려고 준비한다. 식물이 넓게 펼쳐져 자라는 곳으로 우리는 철저히 조사하는 눈길을 돌렸다. 식물로부터 양분을 얻어 몸을 보존하는 동물의 생명의 충만함이 눈에 들어온다.

꽃이 만발한 식물이 헐벗은 지구 표면 위에 가지각색으로 엮은 카펫을 펼쳐 놓았다. 구름이 절대 낀 적이 없는 하늘 높이 태양이 솟아오르는 곳의 카펫은 촘촘하고, 다시 돌아온 서리가 맺혀 있는 꽃봉오리를 죽이기도 하고 무르익는 과일을 덮치기도 하는, 활기 없는 극 주변의 카펫은 엉성하다. 하지만 인간은 어디에서나 양분이 있는 식물들에서 즐거움을 누릴 수 있다. 화산이 바다 밑바닥의 끓어오르는 큰물을 나눈다면, 그리고 (옛날에 그리스 섬들 사이에서 그랬던 것처럼) 갑자기 헐거워진 바위가 지반으로 밀려올라오거나, (더 평화로운 자연 현상을 기억하기 위해) 해저 산등성이에 뭉쳐있는 산호 동물은 수천 년 동안 해수면 위로 불거져 올라와, 말라죽어 평평한 산호섬을 형성할 때까지 세포로 된 거주지를 들어 올리면, 유기적 힘들은 즉시 죽은 바위에 생명력을 불어 넣을 준비를 한다. 그렇게 갑자기 씨앗을 옮기는 것이 무엇일까. 떠도는 새일까, 바람일까, 아니면 바다의 파도일까. 해안에서 멀리 떨어지면 그것이 무엇인지 알아내기 힘들다. 그러나 민둥민둥한 바위 위에 바람이 처음 스치자마자, 북쪽 나라들에서는 벨벳 같은 실로 된 조직이 만들어진다. 이것은 육안으로 보면 마치 알록달록한 점처럼 보인다. 그것들 중 일부는 솟아오른 줄 때문에, 한 줄 혹은 두 줄로 경계를 이루고, 다른 것들은 고랑으로 갈리고 구획으로 나뉜다. 시간이 지날수록 그것들의 옅은 색깔은 점점 짙어진다. 멀리까지 빛나는 그 노란빛은 갈색이 되고, 레프라리아[169]의 회청색은 점점 먼지와 같은 검은색으로 변한다. 늙어가는 이 덮개들의 경계는 서로를 파고들고, 짙은 녹색 위에 눈이 부시게 흰 둥근 원형의 지의류가 새롭게 생겨난다. 그렇게 유기체로 된 조직이 층층이 다른 것 위에 쌓인다. 그래서 인간들의 이주하는 집단이 도덕적 문명의 특정 단계를 뚫고 지나가야만 하듯, 식물의 점진적인 확장 또한 그렇게 특정한 자연법칙과 연결된다. 지금 숲 속의 키 큰 나무들이 그 우듬지를 하늘 높이 들어 올리고 있는 곳, 그곳에는 한때 부드러운 지의류들이 흙이 한 점도 없는 바위를 덮고 있었다. 선태류, 풀, 초본 식물과 관목이 길고도 측량할 수 없는 중간 시기의 틈을 채운다. 북쪽에서는 지의류와 이끼가 자란다면, 열대 지역에서는 쇠비름(Portulaca), 천일홍속(Gomphrena)과 기타 통통하고 키가 작은 강가 식물이 생겨난다. 그런 식물로 된 덮개의 역사와 메마른 지표면을 덮으며 확장되는 그 덮개의 역사는 철따라 이주하는 동물세계의 역사처럼 그 시기가 있다.

생명은 어디서나 그 풍요로움을 확장하고, 유기체도 죽음에서 벗어난 요소들을 새로운 형태에다 결합하려고 끝없이 노력할지라도, 이 생명의 풍부함과 그것의 개선은 지역의 다양성에 따라 달라진다. 추운 지역의 자연은 주기적으로 얼어붙는다. 그렇지만 유동성(Flüssigkeit)은 생명의 조건이다. 동물과 식물(선태류와 다른 지의류는 제외)은 여기서 몇 달 동안이나 겨울잠에 빠진다. 따라서 지구의 대부분의 지역에서는, 체온 유지 물체의 막대한 열의 방출에 맞설 수 있고, 잎 기관 없이도 생명 기능을 장기간 멈출 수 있는 그런 유기체만 성장할 수 있었다. 이와는 반대로 열대에 가까워질수록 형태 다양성, 모양과 색채 혼합의 우아함, 유기체의 영원한 젊음과 힘은 점점 증가한다.

---

169 레프라리아(Lepraria): 가상지의류(痂狀地衣類).

우리가 속한 세계를 절대 떠나지 않았던 사람들이나 일반 지리학 공부를 게을리했던 사람들은 이런 증가를 쉽게 의심한다. 잎이 무성한 참나무 숲에서 나와 알프스 혹은 피레네 산맥을 넘어 프랑스나 스페인 쪽으로 내려갈 때, 게다가 지중해의 아프리카 연안 국가로 단지 눈길을 돌릴 때, 나무가 없는 것이 더운 기온의 특징이라는 잘못된 결론을 쉽게 이끌어내게 된다. 그러나 이런 결론을 내린 사람은 남유럽에 펠라스기 인[170]이나 카르타고 정착민들이 처음 자리 잡았을 때는 지금과는 다른 모습이었다는 사실을 잊은 것이다. 또 초기 인류 문명이 숲을 밀어내 버렸고, 재창조하려는 그 민족의 충동은 점차적으로 북쪽에 있는 우리가 좋아하는 나무의 우거진 장식을 그리고 (그 어떤 역사보다) 우리의 도덕적 문화 초기를 알려주는 그런 장식을 지구에서 훔쳤다는 사실도 잊은 것이다. 불어난 내륙의 물이 다르다넬스 해협의 수문들과 헤라클레스의 기둥들을 부수는 큰 재앙으로 인해 지중해가 형성되었다. 이 재앙은 인접한 땅들의 충적토의 상당 부분을 씻겨버린 듯하다. 그리스의 작가들이 사모트라키[171]의 전설을 언급한 것은 이 파괴적인 자연 변화가 얼마나 최근의 일인가를 나타내고자 한 것이다. 또한 지중해가 적시는 모든 땅에서 그리고 석회질과 하부 석회층(화폐석과 백악층)의 특징이 있는 모든 땅에서, 지표면 대부분은 벌거벗은 바위이다. 이탈리아 지역들의 그림같이 아름다운 풍경은 주로 생명이 없고 황량한 바위와 그 위에 섬처럼 자라난 풍성한 식물 사이의 사랑스러운 대조 덕분이다. 이런 바위에 약간 틈이 벌어져서 강물들이 그 표면에 고여 있고, (알바니아 호수의 매력적인 강가들에서처럼) 흙과 함께 덮여있는 곳

170 펠라스기 인(Pelasgian): 그리스 이전 그리스와 인근 지역에 살았던 것으로 추정되는 선주민.

171 사모트라키(Samothraki): 그리스의 에브로스 주에 속하는 섬으로, 트라키아의 해안에서 떨어진 에게 해 북부 해역에 있다.

에는, 이탈리아 사람조차 북쪽 주민들이 원할 정도인 그늘지고 푸른 참나무 숲을 갖고 있다.

아틀라스 산맥 저쪽의 사막과 남아메리카의 광대한 평원이나 스텝도 순수한 지역적 현상이라고 볼 수 있다. 적어도 우기에는 이 지역들이 풀과 키가 작아 거의 잡초와 같은 형태의 미모사로 뒤덮이는 것을 발견할 수 있다. 그곳들은 구대륙의 내부에 있는 모래 바다들, 식물이 없는 거대한 공간으로, 영원히 푸른 숲으로 덮인 해안이 에워싸고 있다. 홀로 떨어져 서 있는 야자수들만이 이 황무지들이 한때 여러 생명으로 활기찬 지역이었음을 여행자에게 상기시켜준다. 복사열로 인해 생긴 현혹적인 빛의 유희 속에 야자수의 밑동이 대기 속에서 맴도는 것을 본 다음에, 야자수의 거꾸로 선 모습이 물결처럼 떨리는 빛의 층에 반사되는 것을 볼 수 있었다. 페루의 안데스 산맥 서쪽까지, 태평양 연안에서도 우리는 그런 물 없는 사막들을 떠돌아다니느라 몇 주를 보냈다.

사막들의 원인, 즉 가장 강력한 초목이 우세했던 지역, 이 광대한 면적에 이렇게 식물이 없는 이유는 거의 주목받지 못한 지질학적 현상이며, 그것은 의심할 여지없이 오래전에 있었던 자연의 대변혁 (화산이나 홍수로 인한 지구 표면의 변형) 때문이다. 어떤 지역이 그 위를 덮고 있던 식물 전부를 잃어버리면, 모래가 움직이고 샘물이 말라 버린다. 그러고 나서 뜨거운 수직 상승 기류의 방해로 구름층이 만들어지지 않는다. 그 뒤 수천 년이 흘러야 유기체가 초록의 해안에서부터 황무지의 내부로 침투하게 된다.

따라서 한눈에 자연을 파악할 줄 알고 지역적인 특성을 추상할 줄 아는 사람은 누구나, 극에서 적도까지 살아 움직이는 열기가 증가하면서, 유기적 힘과 생명의 충만함도 점차 증가한다는 것을 알게 된다. 그런데 이렇게 증가되는 과정 중에 지구의 어떤 지역에서는 특별한 아름다움이 마련된다. 즉 열대 지역에는 식물 형태의 다양성과 크기가, 북쪽에는 초원의 풍경이 마련되고, 봄바람이 처음 불면 자연의 정기적인 소생을 볼 수 있다. 각기 지역은 그곳 특유의 장점과 함께 독특한 개성을 갖는다. 특정한 사례의 비정상적인 발달에는 어떤 방종이 있음에도 불구하고, 조직의 오래되고 근원적인 힘은 모든 동식물의 형태를 확고하고 영원히 반복되는 유형들에 묶여있다. 개별적인 유기체에서 특정한 인상을 구별할 수 있고, 지금 서술하고 있는 식물학과 동물학은 엄밀한 의미에서 보면 동식물의 형태 분석이다. 이와 마찬가지로 예외 없이 지구상의 모든 영역에 적용되는 자연의 인상도 존재한다.

화가가 "스위스의 자연", "이탈리아의 하늘"과 같은 표현으로 그려내는 것은, 자연의 이러한 지역적 특성의 모호한 느낌에 근거를 두고 있다. 푸른 허공, 빛, 멀리서 떠도는 향기, 동물의 모습, 식물의 가득한 즙, 잎의 반짝임, 산의 형태, 이 모든 요소가 한 지역의 전체적인 인상을 결정한다. 사실 모든 지대에서는 조면암, 현무암, 포놀라이트[172], 백운암, 유사한 형태의 암석 그룹과 같이 동일한 산의 종류들이 형성된다. 동물들 중에서 알코(Allco) 혹은 신대륙 토종 개 품종의 모습이 유럽의 것들과 동일하듯, 남아메리카와 멕시코의 녹암(綠岩) 절벽들은 독일의 피히텔 산맥[173]의 녹암 절벽들과 비슷하다. 지구의 비유기적 외피는 기후 영향과 무관하기 때문이다. 즉 위도의 구분에 따른 기후 구분이 암석보다 더 최근이었어도 상관없으며, 또한 경화되며 열기를 전달하고 방출하는 지구가 그 온도를 외부로부터 받아들이는 대신 스스로에게 그 온도를 주었어도 상관없다. 따라서

172 포놀라이트: 향암(響岩) 또흔 향석(響石)이라고도 한다. 화학 조성상 하석섬장암에 해당하며, 치밀하고 판상으로 쪼개지는 알칼리가 풍부한 화성암을 말한다.

173 피히텔 산맥(das Fichtelgebirge, 체코어: Smrčiny): 바이에른 북동부와 체코의 북서부에 걸쳐 있는 1051m의 산악 지대.

모든 지층은 모든 지역의 특징에 속하며, 모든 곳에서 이와 유사한 형태를 보인다. 도처에서 현무암은 뾰족한 쌍둥이 산과 끝을 자른 원추형을 만들어냈고, 도처에서 트랩[174] 반암은 기괴한 암괴들의 형태로 나타나며, 화강암은 부드러운 원형을 이루는 산의 둥근 봉우리에서 나타난다. 또한 스웨덴에서는 유사한 형태의 식물인 전나무와 떡갈나무가 산비탈을 에워싸고 있는데, 이는 멕시코 최남단의 산비탈과 유사하다. 이와 같은 모든 형태의 일치, 개별 부분의 윤곽의 이러한 유사성 때문에, 그것들의 분류는 전체에 큰 다양성을 부여한다.

암석에 대한 광물 분류학적 지식이 산악학과 다르듯이, 일반적 자연 서술 혹은 자연 형태는 개별적 자연 서술과는 차이가 난다. 게오르크 포어스터[175]의 여행기와 짧은 글에 따르면, 괴테는 수많은 불멸의 작품들에서 자연을 서술할 때 개별적인 지역의 특성을 묘사했으며, 뷔퐁, 베르나르댕 드 생피에르[176], 샤토브리앙[177]은 그 누구도 따를 수 없는 진실로 개별적인 지역의 특성을 묘사했다. 그러한 묘사들은 그저 아주 고상한 종류의 즐거움을 주는 것에 그치지 않는다. 그렇다. 세계의 서로 다른 지역의 자연 특성에 대한 지식은 인류의 역사와 문화의 역사에 가장 밀접하게 연결되어 있는 것이다. 비록 이런 문화의 시작이 자연의 영향만으로 결정되지는 않지만, 바로 그 문화의 방향 즉 민족의 특성들은, 음울하거나 밝은 기분이거나

174 트랩: 현무암, 휘록암 따위의 조립 화성암.

175 게오르크 포어스터(Johann Georg Adam Forster, 1754-1794): 독일의 박물학자, 민족학자, 여행 작가, 언론인, 혁명가.

176 베르나르댕 드 생피에르(Jacques-Henri Bernardin de Saint-Pierre, 1737-1814년): 프랑스의 소설가, 박물학자.

177 샤토브리앙(François-René, vicomte de Chateaubriand, 1768-1848): 프랑스 작가, 정치가, 외교관 및 역사가.

상관없이 모두 기후적 상황과 관계가 있기 때문이다. 그리스의 하늘은 그 주민들에게 얼마나 강력한 영향을 끼쳤던가! 유프라테스 강과 할뤼스 강[178]과 에게 해 사이의 아름답고 행복한 지역에서는 일찍이 정착 민족들이 도덕적 우아함과 온화한 감정에 눈뜨지 않았던가? 유럽이 새로운 야만에 빠지고 종교적 열정이 갑자기 성스러운 중동을 열었을 때, 우리의 선조들은 저 온화한 계곡들에서 더 온화한 풍습을 가져오지 않았던가? 그리스인들의 문학과 북쪽 원주민들의 훨씬 거친 노래들은 대부분 동식물 형태에 대한 그들의 개인적인 특성 덕택이고, 시인을 감싸고 있는 산들의 특성 덕택이고, 그것들 주변을 흐르는 공기의 덕택이다. 너도밤나무의 어두운 그늘 아래서, 외톨이 전나무들로 덮인 언덕들에서, 풀 밭 위에서, 자작나무의 떨리는 잎들 속에서 바람이 속살거리는 곳에서, 그 누가 다른 분위기를 느끼지 않겠는가? 식물 삶의 이러한 고국의 형태들은 우리 마음속에 우울하고, 진정 장엄하거나 즐거운 이미지들을 불러일으킨다. 자연 세계가 도덕적인 세계에 끼치는 영향, 감각적인 것과 감각 외적인 것의 은밀한 상호작용은, 자연 연구를 보다 높은 관점으로 고양시킬 때, 그 연구에 아직 많이 알려지지 않은 매력을 부여한다.

그러나 만약에 세계의 상이한 지역들의 특성이나, 산맥의 윤곽이나 식물과 동물의 인상이 모든 외적인 현상에 종속되어 있다고 해도, 그리고 하늘의 푸른빛과 구름의 형태, 대기권의 투명함이 전체 인상에 영향을 끼친다고 해도, 이러한 인상을 결정하는 가장 일차적인 요인은 식물로 뒤덮인 곳이라는 사실은 부정할 수 없다. 동물 유기체는 무리의 수가 부족하기 때문에, 또 개체가 이동하기도 하고 종종 그들의 규모가 작은 탓에 우리 눈길

---

178 할뤼스 강(고대 그리스어: Ἅλυς) 또는 키질이르마크 강(튀르키예 어: Kızılırmak ←붉은 강): 튀르키예에서 가장 큰 강이다.

은 그들의 무리를 놓친다. 반면 식물은 지속적이고 광대한 분포를 통해 우리의 상상력에 영향을 준다. 식물의 육중한 크기는 그 나이를 알려주며, 개별적인 식물들 안에서 나이는 끊임없이 새로워지는 힘의 인상과 서로 쌍을 맺는다. 카나리아 제도에서 보았던 지름 16피트의 거대한 형태의 행운목은 여전히 늘 (영원히 젊은 양) 꽃과 열매를 달고 있다. 프랑스 모험가 베탕쿠르[179]가 15세기 초에 이 행복한 섬들을 정복했을 때, 오로타바[180]의 (아테네의 성에 있는 올리브나무나 에페소스의 느릅나무처럼 원주민들이 신성시 여기는 나무) 행운목은 지금과 마찬가지로 엄청난 크기였다. 열대에서는 코울바릴[181]과 실거리나무아과[182]로 된 숲은 천 년 이상 된 기념비라 할 수 있을 것이다.

이미 식물 표본에 수집되었고 그 수가 8000종 이상으로 추정되는 다양한 종류의 꽃식물을 종합적으로 파악해보면, 이 놀라운 양 속에는 다른 많은 종들의 기원을 추적할 수 있는 어떤 근본적인 형태들을 발견할 수 있다. 한 지역의 식물의 경관은 이러한 유형들의 각각의 아름다움과 분포 양식, 분류에 종속되어 있는데, 이런 유형들을 규정하기 위해서는 (다른 동기에서 식물학적 시스템에서 행하는 것처럼) 가장 작은 번식기관, 꽃의 외피와 과일이 아니라, 한 지역의 총체적인 인상을 양을 통해 개별화시키고자 하는 관점을 가져야만 한다. 그러나 식물의 중요 형태들 중에는 소위 말하는 자

179 장 드 베탕쿠르(Jean de Béthencourt, 1362–1425): 프랑스 탐험가로 1402년 카나리아 제도 발견.

180 오로타바(La Orotava): 스페인의 카나리아 제도 중 하나인 테 네리 페 북부에 위치한 도시. 시정촌의 지역은 북쪽 해안에서 산악 내부까지 뻗어 있으며 테이 화산, 카나리아 제도 및 스페인 최고봉 3,718m의 정상을 포함하고 있다.

181 코울바릴: 카리브 해, 중미 및 남미에서 흔한 나무로 가구, 바닥재 및 장식용으로 사용되는 경재. 단단한 과일 꼬투리에는 씨앗을 둘러싼 식용 건조 과육이 있다.

182 실거리나무아과(학명: Caesalpinioideae): 콩과의 아과. 실거리나무족과 카시아족, 미모사군 등을 포함한다. 살거리나무아과의 식물은 대부분 나무로, 습윤한 열대에 분포한다.

연적 분류의 전체 과(科)가 있다. 바나나 식물과 야자과 나무, 카수아리나이(casuarinae)와 침엽수 또한 이것들 가운데 개별적으로 항목별로 나뉘어 있다. 그러나 식물 분류학자들은 인상학자들이 억지로 서로 연결시킨 상당수의 식물 그룹을 분리한다. 식물들이 무리지어 나타나는 곳에서 잎과 줄기의 형태와 가지들의 윤곽이나 분포 양식이 서로 뒤섞인다. 화가(그리고 이 점에서 격언은 자연을 향하는 예술가의 섬세한 감정과 딱 어울린다!)는 풍경의 배경에서 소나무들과 야자덤불을 너도밤나무들과 구분해내지만, 너도밤나무들을 활엽수림에서는 구분해내지는 못한다.

자연의 인상을 규정하는 것은 주로 16종의 식물 형태이다. 나는 두 대륙을 여행하면서 그리고 북위 60도와 남위 12도 사이의 다양한 지역의 식물에 다년간 주의를 기울이며 관찰했던 것들에 대해서만 적고 있다. 언젠가 여행자들이 대륙의 내륙 깊숙이 들어가 새로운 식물 종을 발견한다면, 이러한 형태의 숫자는 상당히 증가할 것은 분명하다. 동남아시아와 아프리카, 뉴 홀랜드[183]의 내륙, 또 남아메리카의 아마존 강에서 치키토스[184] 지역까지의 식물계는 우리에게 아직도 전혀 알려져 있지 않다. 만일 목질의 해면과 케노뮈케 랑기페리나(Cenomyce rangiferina)가, 혹은 이끼들이 높은 나무에서 자라는 땅을 발견한다면 어떨까? 독일 선태류의 한 종류인 물가양털이끼(Neckera dendroïdes)는 사실 나무와 비슷하다. 그리고 우리의 보리수나무나 오리나무보다도 높이 자란 대나무과(나무와 같은 풀)나 열대 양치류들은, 키 큰 물가양털이끼 숲을 처음 발견한 사람이 보고 놀랐듯이, 지

183 뉴 홀랜드(New Holland): 오스트레일리아의 옛 이름. 오스트레일리아와 뉴질랜드를 탐사한 사람은 네덜란드인이어서, 이곳에 자국의 이름을 붙였다. 뉴질랜드는 네델란드의 젤란트(Zeeland)에 new를 붙인 것이고, 호주는 네덜란드의 여러 주 중의 하나인 Holland에 new를 붙였다.

184 치키토스(Chiquitos): 볼리비아 산타 크루즈 주의 15개 지역 중의 하나.

금도 여전히 유럽인들에게는 놀라운 광경이다! 어떤 과(科)에 속하는 유기체들(식물이나 동물)이 도달할 수 있는 발달의 완벽한 크기와 정도는 여전히 알려지지 않은 법칙들에 의해 제한된다. 동물세계를 크게 나누면, 즉 곤충, 갑각류, 파충류, 조류, 어류와 포유류로 보면 신체 구조의 범위는 어느 정도의 최대 한계 사이 안에서 오락가락한다. 이제까지의 관찰을 통해 확정된 크기 편차의 정도는 새로운 발견 즉 이제까지 알려지지 않은 동물 종의 발견을 통해 정정될 수 있다.

위도에 의존하는 기온 상황은 육지 동물들 사이에서 유기체적 발달을 유전적으로 도와주는 점에서 특히 탁월했던 것 같다. 우리의 도마뱀의 작고 가는 형태는 남쪽나라에서는 무시무시한 악어의 거대하고 둔중하며 갑옷을 입은 몸으로 확대되었다. 아프리카와 아메리카의 거대한 고양이, 즉 타이거와 사자와 재규어는 우리가 집에서 키우는 애완동물의 모습이 거대한 크기로 재생된 것이다.

땅 속으로 들어가서 동식물의 무덤을 파헤쳐보면, 화석들은 오늘날의 기후와는 정반대인 유형들의 범주를 보여줄 뿐만 아니라, 현재 우리를 에워싸고 있는 거대한 유형들도 보여준다. 이 거대 유형들은 현재 우리를 에워싸고 있는 것들, 우리 시대에 우리가 "성격의 위대함"이라고 부르는 것을 갖고 있던 그리스인들의 고귀하고 단순한 영웅적 천성과 적지 않은 대조를 이룬다. 지구의 온도가 주기적으로 반복되는 큰 변화를 겪었다면, 바다와 육지 사이의 관계, 즉 대기의 높이와 그 압력조차도 항상 동일하지 않았다면, 자연의 모습, 유기체의 크기와 형태 역시 다양한 변화를 따랐음이 분명하다. 아주 큰 후피동물[피부가 두꺼운 동물], 코끼리와 같은 마스토돈[185],

185 마스토돈: 마이오세 초기에 출현하여 홍적세(1만~25만 년 전)까지 다양한 형태로 생존했던, 코끼리와 유사한 몇 종류의 멸종한 포유동물. 분류학상 마스토돈트과의 마스톤돈속에 속한다. 북아메

오웬[186]의 큰 나무늘보(Mylodon robustus), 6피트나 되는 육지 거북이는 한 때 선인장 같은 스티그마리아와 수많은 소철목 속들로 이뤄진 숲에 서식했다. 나이 들어가는 행성의 이 모습을 현재의 특성에 따라 완벽하게 묘사하는 것은 불가능하지만, 각각의 식물 그룹에 특히 어울리는 그런 특징들을 감히 끄집어 내보도록 하겠다. 모국어의 모든 풍부함과 유연함에도 불구하고, 원래 화가의 모방예술에만 묘사를 맡기는 그런 것을 언어로 서술하는 것은 어려운 작업이다. 또한 개별 형태들을 하나하나 세어 나가는 것이 필연적으로 불러일으킬 피곤한 인상을 피해야만 한다.

우리는 모든 식물 형태 중에서 가장 키가 크고 고귀한 야자부터 시작할 것이다. 왜냐하면 항상 모든 민족(최초의 인류문명은 아시아의 야자수 세계에서 그리고 처음에는 야자수 세계에 인접한 지역에서 탄생했다)은 야자수에게 아름다움이라는 가치를 부여했기 때문이다. 높고 가늘며 나선형에, 가끔은 가시 모양으로 뾰족하게 솟은 나무는 부채 같기도 하고 깃털 같기도 한, 쭉쭉 뻗어나가며 반짝이는 나뭇잎으로 마무리된다. 나뭇잎은 종종 풀처럼 곱슬곱슬 주름져 있기도 한다. 매끈한 줄기는 정확히 측정해 보니 그 높이가 180피트에까지 이른다. 야자의 형태는 적도에서 온대로 갈수록 화려함과 크기가 줄어든다. 유럽의 토종 식물 중에서는 이러한 형태 중 단 한 가지 종만 있다. 그것은 난쟁이 해안 야자수, 카매롭스[187]로 스페인과 이탈리아에서 북위 44도까지 분포한다. 원래 지구에서 야자가 자라기 쉬운 기후

리카의 마스토돈은 홍적세 이후에도 생존했던 것으로 추측되며, 역사적으로 중요한 북아메리카 인디언들과 함께 살았던 것으로 생각된다.

186 리처드 오웬(Richard Owen, 1804-1892): 영국의 의사 , 동물학자 , 비교 해부학자 , 생리학자 및 고생물학자. 남미에서 발견된 하악골을 밀로돈 속으로 명명했다.

187 후밀리스 카매롭스(Chamaerops humilis): 카매롭스는 난쟁이, 덤불의 뜻. 다양한 종류의 유럽 부채꼴 야자수 또는 지중해 난쟁이 야자나무.

는 연평균 기온이 열씨 20.5도에서 22도 사이이다. 하지만 아프리카에서 우리에게로 건너온 대추야자는 이 종류의 다른 종보다 훨씬 덜 아름다운 것으로서, 평균기온 열씨 12도에서 13.5도 사이의 남부 유럽 지역에 자란다. 야자 줄기와 코끼리 뼈는 북부 유럽의 땅 내부에 묻혀있다. 이 위치는 어쩌면 그들이 열대에서부터 북부로 떠내려 온 것이 아니라, 지구의 대변혁 기간 중에 기후와 기후에 의해 규정된 자연의 경관이 수차례 변화된 것임을 보여 주는 것일 게다.

지구 어느 곳에서나 피상[188] 품종 혹은 바나나 품종이 야자에 추가된다. 식물학자들이 시타미네엔[189]과 파초과[190]라 부르는 헬리코니아 속[191], 아모뭄 속, 스트렐리치아[192] 속인데, 키는 작지만 즙이 많고 거의 풀과 같은 줄기가 있고, 그 꼭대기에는 가늘고 느슨하게 엮인 채, 비단처럼 빛나며 섬세한 줄무늬가 있는 잎이 솟아 있다. 피상 관목 숲은 습한 지역의 보석이다. 그리고 열대의 거의 모든 주민의 양식은 이 나무 열매에 의존하고 있다. 밀가루가 풍부한 곡물이나 북쪽의 곡류처럼 피상의 줄기는 인류 문화 초기 시절 이래 인류와 함께한다. 샘 족의 전설은 영양이 풍부한 이 식물의 원래 고향을 유프라테스 강 유역으로 보고 있고, 더 많은 개연성을 갖는 다른 전설은 인도의 히말라야 산맥 기슭을 그 원산지로 보고 있다. 그리스 전설에 따르면 엔나 평원[193]은 곡류의 행복한 조국이었다. 케레스 여신의 시칠리

188 피상(Pisang): 채소처럼 요리해서 먹는 바나나 비슷한 열매.

189 시타미네엔(Scitamineen): 외떡잎식물목,

190 파초과(Musaceae): Scitamineen목의 monocotyledon과로, 우리말로는 외떡잎식물로 번역된다.

191 헬리코니아(Heliconia): 생강목 헬리코니아속에 속하는 외떡잎식물의 총칭.

192 스트렐리치아(Strelitzia:) 극락조화의 각종 초본(파초과(芭蕉科).

193 에나(Enna): 론 발 디어 평원에 둘러싸인 언덕에 있으며 "시칠리아의 배꼽"이라 불린다.

아의 열매들은, 문화를 통해 북부 세계를 가로질러 퍼지면서, 획일적이고 넓게 확장하는 풀밭을 형성하는데, 자연 풍경을 아주 멋지게 장식하지는 않는다. 하지만 정착한 열대 거주자는 피상을 심어 가장 영광되고 고귀한 식물 형태 중 하나를 번식시켰다. 아욱과와 목화과의 형태는 케이폭나무[194], 카바닐레시아[195]와 멕시코 소나무(Cheiroste-wow)를 통해 볼 수 있다. 이들은 엄청나게 두꺼운 줄기에 부드러운 털로 덮인 커다란 하트 모양의 혹은 움푹 들어간 잎들과 종종 보라색의 화려한 꽃을 달고 있다. 엄청나게 큰 키에 둘레는 30피트까지 이르며, 지구에서 가장 크고 가장 오래된 유기체 기념비인 원숭이 빵나무, 즉 아프리카 바오바브나무(Adansonia digitata)도 이 식물군에 속할 것이다. 이탈리아에서는 당아욱 속 형태가 식물군에 남쪽 특유의 특성을 부여하기 시작했다.

이와는 반대로 구대륙의 온대 지역은 유감스럽게도 미모사의 형태를 한 가벼운 깃털 모양의 잎이 정말 부족하다. 이런 잎 모양은 주로 아카시아, 데스만투스(Desmanthus), 글레디치아(Gleditschia), 남가새과(Porleria), 타마린두스(Tamarindus)에서 볼 수 있다. 유럽의 동일한 위도보다 식물이 훨씬 더 다양하고 풍성한 북아메리카의 미국에서 이 아름다운 형태를 자주 볼 수 있다. 미모사는 이탈리아 소나무에서처럼 가지가 우산처럼 널리 퍼진 것이 일반적이다. 하늘하늘한 깃털 같은 잎들을 통해 어른거리는 열대의 짙푸른 하늘이 극도의 그림 같은 효과를 만들어낸다.

히드는 가장 아프리카적인 식물 그룹이다. 경관학적 특성 혹은 일반적인 모습에 따르면, 단순한 잎자루(petiolidia)를 가진 쌍떡잎식물 즉 에파크리덴(Epakrideen)과 디오스멘(Diosmeen), 수많은 프로테아첸(Proteazeen)

194 케이폭나무: 명주나무(silk cotton)라고도 불린다.

195 카바닐레시아(Cavanillesia): 아욱과의 나무

과 오스트레일리아 아카시아도 이 그룹에 속한다. 이것들은 가시가 돋은 나무줄기 때문에 비슷해 보이기도 하지만, 또한 바로 이것 때문에 종 모양의 꽃이 가득한 이 종들과 비교하여 훨씬 더 매력적인 차이를 보인다. 나무 모양의 히드는 몇몇 다른 아프리카 식물처럼 지중해의 북쪽 해안까지 퍼져있다. 그것들은 이탈리아의 평야와 스페인 남부의 키스투스 숲들을 장식한다. 히드가 테네리페 섬의 테이데 봉우리[196] 비탈에서보다 더 풍성하게 자라는 것을 본 적이 없다. 발트 해 국가들과 더 북쪽 지역에서 이 식물 형태는 가뭄과 불모의 전조이기 때문에 두려움을 준다. 우리의 히드, 에리카(Calluna) 불가리스(vulgaris), 에리카 테트랄릭스[197], 에리카 카르네아[198], 에리카 키네레아는 군집을 이루는 식물인데, 수세기 동안 농업 국가들은 확장되는 이 식물들에 대항했지만 별 성과는 없었다. 이 과(科)의 주요 대표 식물이 우리 행성의 한쪽에서만 발견되는 것은 특이하다! 지금까지 알려진 300여 종의 에리카 중에서 신대륙—펜실베이니아와 래브라도에서 누트카[199]와 알래스카까지—에서 오직 단일한 품종만이 발견된다.

이와는 반대로 신대륙에는 고유의 선인장 형태가 있다. 원형 모양이나 가지가 벋은 것도 있고, 때로는 오르간의 파이프처럼 키가 크고 삐뚤어진 기둥 모양으로 수직으로 서 있기도 하다. 이 그룹은 백합과나 바나나의 형태와는 정말 눈에 띌 정도로 대조를 이룬다. 베르나르댕 드 생피에르[200]가

196 테이데 봉: 대서양에 위치한 스페인 카나리아 제도의 테네리페 섬 중앙에 솟아 있는 산으로, 스페인뿐만 아니라 대서양의 섬 중에서도 가장 높은 봉우리이다.

197 Erica tetralix: 1753년 식물학자 린네가 명명.

198 Erica cinerea: 겨울 히스.

199 누트카 사운드: 캐나다 서부 브리티시 컬럼비아 벤쿠버 섬에 인접에 있는 섬.

200 베르나르댕 드 생피에르(Jacques-Henri Bernardin de Saint-Pierre, 1737-1814): 프랑스의 소설가 · 박물학자.

아주 적절하게 "사막 식물의 원천"이라고 이름붙인 이 그룹이 그런 식물에 속한다. 남아메리카의 물이 없는 지역에서 갈증에 겁이 난 동물들은 멜론 선인장을 찾는다. 이 선인장은 둥근 모양에 절반은 건조한 모래에 파묻힌 식물로서, 무시무시한 가시 아래 즙이 많은 속살을 숨기고 있다. 기둥 형태의 선인장 줄기는 키가 30피트까지 자라며, 팔이 여러 개 달린 스탠드처럼 갈라지고, 종종 지의류에 덮이기도 한다. 그것들은 외관이 유사하기 때문에 몇몇 아프리카의 유포르비아[201]를 연상시키기도 한다.

식물 한 포기 없는 사막에서 이 초록의 오아시스가 형성되는 것처럼, 난초과 식물은 햇볕에 타서 숯이 된 열대 나무의 줄기와 가장 황량한 바위 틈을 생명으로 가득 채운다. 바닐라는 연한 녹색의 수액이 풍부한 잎들과 놀라운 구조의 다채로운 꽃들이 있는 게 특징이다. 난초꽃들은 날개가 달린 곤충과 비슷하기도 하고, 꿀통의 향기에 이끌린 새를 닮기도 했다. 한정된 공간만을 면밀하게 조사하고, 페루의 안데스 산맥의 깊은 고산 계곡을 장식하는 화려한 난초를 모사하는 데만도 화가의 생애는 충분하지 못할 것이다.

카수아리아나과[202]는 거의 모든 선인장 종류처럼 잎이 없다. 이것은 남태평양과 동인도제도에만 사는 식물 형태로, 속새과[203]와 비슷한 가지를 가진 나무이다. 그러나 아름다운 유형이라기보다는 독특하다고 할 이 유형들은 지구의 다른 지역에서도 발견된다. 플뤼미어[204] 속새과(Plumiers

201 유포르비아: 대극(大戟)속, 등대풀속은 대극과에 속하는 속씨식물의 매우 크고 다양한 속이다.

202 카수아리나과(Casuarinaceae): 참나무목에 속하는 속씨식물의 과.

203 속새속(학명: Equisetum 에퀴세툼): 여러해살이 초본 식물이며, 보통 겨울에 죽지만 상록 식물인 것도 있다.

204 샤를 플뤼미에(Charles Plumier,1646-1704): 프랑스 식물학자.

Equisetum altissimum)와 북아프리카의 포스칼[205] 마황속(Forskals Ephedra aphylla), 페루 콜레티아(peruanischen Colletien)와 시베리아 칼리고눔 팔라시아(Calligonum Pallasia)는 카수아리아나과와 아주 가까운 혈통이다.

피상 식물류에서 잎맥이 최고로 확장되듯, 카수아리아나 나무와 가시나무들에서 잎맥은 큰 수축이 일어난다. 소나무, 측백나무, 사이프레스는 열대 지방에는 흔치 않는 북쪽 형태에 속하고, 몇몇 구과목(Dammara Salisburia) 중에서는 넓은 잎 모양의 침엽이 있는 것도 있다. 그것들의 영원히 신선한 녹색은 황량한 겨울 풍경을 밝게 만들어 준다. 그리고 눈과 얼음이 대지를 덮을지라도, 프로메테우스의 불과 같은 식물의 내적 생명은 우리 행성을 절대 떠나지 않을 것이라는 사실을 극지 사람들에게 선언하는 것 같다.

우리 지역의 이끼와 지의류처럼, 열대 지역에서는 난초과 식물 외에 천남성과[206] 식물들 또한 숲을 구성하는 늙은 나무줄기를 덮으며 기생하고 있다. 초본식물의 수액이 많은 줄기들은 거대한 잎을 높이 들어 올린다, 잎들은 때로는 화살 모양이고, 때로는 손가락 모양이거나 길쭉하지만, 항상 두꺼운 맥이 있다. 아로데이아과의 꽃은, 열기를 높이기 위해 잎집에 싸여 있으며, 줄기 없이 공기뿌리[207]를 내린다. 변형된 형태로는 포토스(Pothos), 드라콘티움(Dracontium), 칼라디움(Caladium), 아룸(Arum) 같은 종류가 있

---

205 피터 포르스칼(Pehr Forsskål, Peter Forskaol, Petrus Forskål 혹은 Pehr Forsskåhl, 1732 - 1763): 헬싱키 태생. 당시 헬싱키는 스웨덴의 일부였기에 스웨덴어를 사용했던 핀란드의 탐험가, 동양학자, 자연학자.

206 천남성과(天南星科, 학명: Araceae 아라케아이, 영어: aroids, arum family): 택사목의 과로 대부분 열대 · 아열대에 분포하지만 열대에는 비교적 적은 편인데, 세계적으로 129속의 약 2,000여 종이 알려져 있다.

207 공기뿌리: 줄기에서 나와 땅 위의 공기 중에 노출되어 있는 뿌리. 기근(氣根), 기생근(氣生根).

다. 아룸은 지중해 연안까지 번식하여, 스페인과 이탈리아에서는 수액이 풍부한 관동화, 키가 큰 절굿대, 아칸더스와 함께, 남쪽 지방 식물의 풍요로움을 보여준다.

이 아룸 형태와 함께 군거 생활하는 것은 열대 덩굴식물이다, 이들이 남아메리카 뜨거운 지역에서 가장 아름답고 풍성한 식물인 파울리아스와 바니스테리아스, 비농아, 수난꽃들이다. 우리 지역의 덩굴손이 있는 호프와 포도덩굴은 열대 세계의 이러한 식물 형태를 연상시킨다. 오리노코 강가에는 바우히니아[208]의 잎 없는 가지들이 종종 40피트까지 자란다. 가지들은 높은 마호가니 나무 정상에서부터 수직으로 늘어지기도 하고, 돛대 밧줄처럼 비스듬히 풀려 있기도 하다. 그리고 호랑고양이[209]가 놀랍도록 기민하게 그것들 위 아래로 기어오른다.

푸른 알로에의 꼿꼿한 형태는 휘감아 자라는 탄력 있는 덩굴식물과, 그리고 그 식물의 신선하고 가벼운 녹색과 대조를 이룬다. 만일 줄기가 있을 경우에는 줄기들은 거의 분리되지 않은 채 빽빽하게 고리 모양으로 뱀처럼 휘감는다. 꼭대기에는 수액이 많고 통통하며 길쭉길쭉한 잎들이 방사선 모양으로 수북이 덮여있다. 키가 큰 알로에는 군거 생활하는 다른 식물들과는 달리 덤불을 형성하지 않는다. 그것들은 단독으로 황량한 평야에 서 있다, 그래서 그 모습은 열대 지역에 종종 특유의 멜랑콜리한 (아프리카적이라 말할 수 있는) 특성을 부여한다. 다음 식물들은 풍경이 주는 인상이 유사해서 이런 알로에 형태에 속한다. 안데스 산맥의 바위 틈새로 고개를 내미

208 바우히니아: 영문명은 Hong Kong Orchid Tree, 중국명은 洋紫荊(yáng zǐjīng, 양자형). 난초과가 아닌 콩과의 난초나무속 열대 상록수다. 바우히니아꽃은 꽃잎이 5장이고 암술과 수술이 분리되어 있어, 일반적으로 꽃잎이 3장이고 암술과 수술이 융합된 난 꽃과 전혀 다르다.

209 호랑고양이(Tiger Cat; 학명 Leopardus tigrinus): 온실라(Oncilla), 티그릴로(Tigrillo)라고도 하는 작은 점박이 야생 고양이로, 중앙아메리카와 남아메리카의 열대 우림에서 발견된다.

는 브로멜리아과의 핏카이어스과, 거대한 푸르네티아 피라미다타(뉴 그라나다의 고원의 아츠팔라), 아메리카 알로에, 브로멜리아 아나나스, B. 카라타, 두껍고 짧으며 칸델라브라처럼 갈라진 줄기를 가지고 있는 유포르비아케아과의 희귀한 종들, 아스포들레아과 중의 아프리카 알로에와 용나무, 드라세나 드라코 그리고 릴리아과 중에서는 키 큰 꽃이 피는 유카가 그렇다.

알로에 형태의 특징이 아주 진지한 고요함과 견고성인 반면에, 풀 형태 특히 나무와 같은 풀들의 모습은 즐겁고 밝은 경쾌함과 살랑거리는 가녀림이 그 특징이라고 하겠다. 대나무 숲은 동인도와 서인도 모두에서 그늘진 아치형 길을 만들어준다. 매끈하고, 종종 휘어져 휘청거리는 열대의 풀줄기는 우리의 오리나무와 떡갈나무보다도 키가 크다. 이탈리아에서도 이러한 형태인 물대(아룬도 도낙스)들이 대지에서 높이 자라며, 그 키와 수량이 이 지방 자연의 특징을 결정한다.

더운 지역에서는 양치류의 형태 역시 풀의 형태로 개량이 되었다. 나무와 같은 40피트 높이의 양치류는 야자와 같은 모습을 하고 있다. 하지만 그 줄기는 야자의 줄기보다 더 날씬하고 더 짧으며 더 거친 비늘 모양을 하고 있다. 잎은 더 섬세하고 느슨하게 짜여 있고, 속이 비치며, 가장자리는 깔끔한 톱니바퀴 모양으로 되어 있다. 이 거대한 양치식물은 거의 열대 지역의 특징이라 할 수 있다. 하지만 이 지역에서 이 식물은 완전히 뜨거운 기후보다는 온대기후를 더 좋아한다. 이제 열기의 감소는 그저 고도에 따른 결과이기 때문에, 이 식물 형태의 주요 서식지는 해발 2~3000피트 높이의 산이라고 할 수 있다. 줄기가 높이 자라는 양치류는 남아메리카에서는 유익한 나무와 함께 자란다. 이 나무는 치료 효과가 있는 기나수[210] 껍

210 기나수: 꼭두서닛과(科)에 속한 상록 교목. 높이 25미터 정도로, 잎은 마주나며 두텁고 잎자루가 있다. 7월경 담홍자색 꽃이 가지 끝에 핀다. 나무껍질에 들어 있는 알칼로이드의 일종인 키

질을 제공한다. 두 식물은 지구의 행복한 지역, 봄의 영원한 온화함이 지배하는 지역의 특징이라 하겠다.

내가 더 언급해야 할 것은 갈대 형태의 잎과 화려한 꽃을 가진 백합과 형태(아마릴리스, 이시아, 글라디올러스, 판크라티움)로, 이 식물의 주요 서식지는 남아프리카이다. 더 나아가 세계 어느 곳에서나, 키토[211]의 고원에도 자생하는 버드나무의 형태는 잎의 형태를 통해서가 아니라, 가지가 갈라져 나가는 형태를 통해서, 스키누스 몰레[212], 미르테[213]숲(메트로시데로스, 유칼립투스, 에스칼로니아 미르텔로이데스), 산석류과와 월계수 형태로 반복된다.

이 모든 식물 그룹의 성격을 온실이라든가 식물학자가 쓴 글에서가 아니라, 거대한 열대 자연 그 자체에서 연구하는 것은 위대한 예술가에게 어울리는 작업이라고 할 수 있을 것이다. 하나씩 세어나간 16개의 주요 형태를 처음에는 개별적으로, 그런 다음에는 서로 대조시키며 묘사하는 작품은 풍경화가에게는 얼마나 흥미롭고 교훈적이겠는가! 섬세하게 짜인 잎들을 멕시코 월계수 위로 펼치는, 나무 같은 양치류보다 더 그림 같은 것은 무엇이겠는가? 키가 큰 과두아와 대나무의 그늘에 싸인 피상 숲보다 더 매력적인 것이 무엇인가? 예술가에게는 이런 그룹을 낱낱이 분류하도록 허락되어 있다. 그래서 그의 손 아래서는 (내가 감히 이런 표현을 해도 된다면) 자연의 위대한 마술 풍경이 인간이 그려낸 작품에서처럼 약간의 단순

니네(kinine)는 말라리아의 치료제, 건위제(健胃劑), 강장제, 해열제 등으로 쓰인다. 학명은 Cinchona succirubra이다.

211 키토: 에콰도르의 수도로, 적도 가까이에 위치하고 있지만 안데스 산맥의 산 중턱에 있기 때문에 비교적 시원하다.

212 스키누스 몰레(학명: Schinus molle, 페퍼나무): 옻나무과의 상록 활엽수로, 남아메리카에 분포. 원산지는 볼리비아, 브라질, 아르헨티나, 에콰도르, 우루과이, 칠레, 파라과이, 페루이다.

213 미르테: 은매화

한 형태로 바뀐다.

식물의 최고로 훌륭한 형태들은 열대 하늘의 이글거리는 햇살을 받으며 성장한다. 추운 북부에서는 바싹 마른 지의류와 이끼로 나무껍질이 덮인 것처럼, 열대에서는 보춘화속[214]과 향기로운 바닐라가 아나카르디아스와 기대한 무화과나무의 몸통에 붙어산다. 포토스 잎[215]과 드라콘티아스(Dracontien)의 신선한 녹색은 난초과의 다채로운 색의 꽃들과 대조된다. 덩굴을 뻗는 바우히니아, 시계꽃속[216]과 노란꽃이 피는 바니스테리아는 숲의 모든 나무줄기를 휘감는다. 테오브로마[217]의 뿌리와 크레센티아와 구스타비아의 굵고 거친 나무껍질에서 섬세한 꽃들이 피어난다. 이렇게 꽃과 잎이 무성하고, 덩굴 식물이 이렇게 풍성하게 자라고 뒤엉켜 있기 때문에, 종종 자연 연구가는 꽃과 잎들이 어떤 나무줄기에서 나온 것인지 분별하기 어려울 때도 있다. 파울리니아[218], 비그노니아, 석곡속[219]으로 장식된 나무 한 그루가 식물들의 군락을 이루고 있다. 이 식물들이 서로 떨어져 있다면 상당한 지역을 덮을 정도이다.

---

214 보춘화속(학명: Cymbidium 킴비디움): 서양난의 일종으로, 봄부터 가을까지 자라고 겨울에는 생육이 정지된다.

215 포토스(Photos): 토란과의 만성 관엽식물.

216 시계꽃속(Passiflora, Passion flowers): Passifloraceae과의 일종으로, 약 550 종의 꽃 피는 식물의 속. 주로 덩굴손을 가진 덩굴이며 일부는 관목이나 나무.

217 카카오속(cacao屬, 학명: Theobroma 테오브로마): 아욱과의 속. 중 · 남미 지역의 열대림 하목층을 이루는 나무 20여 종으로 이루어져 있으며, 학자에 따라 스테르쿨리아과로 분류하기도 한다. 속명 "테오브로마"는 고대 그리스어로 "신"을 뜻하는 "테오스(θεός)"와 "음식"을 뜻하는 "브로마(βρῶμα)"를 합쳐 만든 말로, "신의 음식"이라는 뜻이다.

218 파울리니아(Paullinia): 남미, 중미 및 카리브 해의 토종과인 soapberry과의 Sapindaceae에서 꽃 관목, 작은 나무 및 덩굴과의 속.

219 덴드로븀 또는 덴드로비움(Dendrobium): 주로 열대 아시아에 분포하는 난초과의 여러해살이 식물로 대부분 나무의 줄기나 가지에 붙어서 자라는 착생란이다.

식물들은 북쪽 지역에서보다 열대에서 훨씬 더 수액을 많이 머금고 있으며, 훨씬 더 녹색이 짙고, 더 크고 아주 반짝이는 잎을 갖고 있다. 유럽의 식생을 그렇게 단조롭게 만드는 군서식물들은 적도에는 거의 없다. 우리의 떡갈나무보다 거의 두 배는 높은 나무들이 우리의 백합처럼 크고 멋진 꽃들로 화려하게 장식되어 있다. 남아메리카의 막달레나 강의 그늘진 강가에는 덩굴식물인 쥐방울덩굴속[220]이 자라는데, 인디언 소년들은 둘레가 4피트나 되는 그 꽃들을 뒤집어쓰고 논다. 남인도해에서는 라플레시아의 꽃은 지름이 거의 3피트나 되며 무게는 14파운드를 넘는다.

엄청난 고도와 이 고도의 결과인 추위는 열대 주민에게 특별한 풍경을 베풀어준다. 회기선 아래에서는 산 하나가 아니라 지역 전체가 이런 높이에 있다. 야자와 피상 숲 이외에도 북쪽 지역에 속하는 것 같은 식물들의 형태도 주민을 에워싸고 있다. 사이프러스, 전나무, 떡갈나무, 매자나무, 오리나무(우리의 것들과 거의 유사하다)가 남부 멕시코와 적도 아래 안데스 산맥을 덮고 있는 것이다. 그렇게 자연은 열대 지역의 사람들에게 고향을 떠나지 않고서도 지구의 모든 식물 형태를 보여 주었다. 극에서 극까지의 하늘이 자신의 빛나는 세계의 그 어떤 것도 감추지 않듯이 말이다.

북쪽 지역의 주민들은 이와 같은 것과 또 다른 많은 자연을 누리지 못한다. 이 사람들은 많은 별들, 많은 식물 형태들, 이들 중에서 특히 가장 아름다운 것들(야자, 키가 큰 양치류, 피상 숲, 나무 같은 풀들과 섬세한 깃털 같은 미모사)을 영원히 알지 못한다. 우리의 온실이 가두어 두고 있는 병들어 가는 식물들은 열대 식물이 가진 장엄함 중에서 빈약한 모습만 지니고 있을 뿐이다. 그러나 우리의 언어 교육 속에서, 시인의 타오르는 상상 속에서, 화가가 그려내는 예술 속에서 대체품의 풍성한 샘물이 터졌다. 그 샘에서 우

220 쥐방울덩굴속(Aristolochia): 쥐방울덩굴과의 속으로 500여 종.

리의 상상력은 이국적인 자연의 생생한 이미지들을 펴 올린다. 추운 북쪽 나라에서, 불모의 황야에서 고독한 인간은 가장 먼 지역에서 연구되는 것을 배워 익힐 수 있으며, 그렇게 자신의 내면에 하나의 세계를 창조할 수 있는 것이다. 그의 정신의 작품이며, 정신만큼이나 자유롭고 영원한 그런 세계를 말이다.

Vues des Cordillères, et monumens des peuples indigènes de l'Amérique

세계 여러 지역 화산의 구조와 활동 종류

(이 논문은 1823년 1월 24일, 베를린 아카데미 공개강좌에서 발표되었음.)

지난 수세기 동안 지구과학의 더 증가한 지식과 가장 외딴 지역까지 간 여행이 자연 연구에 끼친 영향을 살펴보면, 연구가 유기적 세계의 형태들에 맞춰졌는지 혹은 생명 없는 지구의 형성-암석의 종류 그리고 암석의 상대적 나이와 발생-에 맞춰졌는지에 따라서, 그 영향이 얼마나 다양했는지 곧 알게 된다. 대기의 온기가 등온선의 위도와 다양한 곡선에 따라 변화하는 바다와 같은 평원에서든, 혹은 산맥의 가파른 경사에서 거의 수직으로 변화하는 곳에서든, 다른 형태의 식물들과 동물들이 이 지구 모든 지역을 채우고 있다. 유기적 자연은 지구 모든 곳에 자연의 독특한 특성의 외형을 부여하기에, 행성의 단단한 외피가 식물에 덮이지 않은 비유기적 자연과는 다르다. 똑같은 종류의 암석이 그룹별로 서로 밀고 당기면서 지구의 두 반구, 적도에서부터 양 극지방에 이르기까지 나타난다. 선원은 낯선 식물로 둘러싸이고, 더 이상 옛 별들이 빛나지 않는 하늘 아래 멀리 떨어진 어떤 섬에서, 고향의 점토판과 잘 알고 있는 조국의 암석을 알아차리고서는 종종 기뻐하며 놀란다.

지구 구조학과 기후의 현재 구성과는 아무런 상관이 없다고 해서, 지구의 낯선 지역들에서 행해진 수많은 관찰들이 광물학과 자연 지질학에 끼친 유익한 영향들을 감소시키지는 않는다. 그것은 이 학문들에 고유한 방향을 설정해준다. 새로운 동식물 종으로 가득한 모든 탐사 여행은 자연사를 풍성하게 만들어준다.

때때로 그것들은 오랫동안 알려진 유형들에 들어맞는 유기적 형태들이고, 종종 규칙적으로 짜인 것으로 보이나 단절된 듯한, 생명 있는 자연 창조의 그물을 그 원래의 완벽성 안에서 제시해 보인다. 때때로 그것들은 멸종된 종들에서 벗어난 나머지 종들인, 고립된 상태로 나타나는 형상들이거나, 알려지지 않은 그룹이지만 발견될 예정이어서 우리의 기대를 불러일으킨다. 그와 같은 다양성은 물론 단단한 지각(地角)을 조사한다고 해서 제공되지는 않는다. 이것은 오히려 구성 광물들에서, 이종(異種) 질량의 중첩에서, 지질학자의 찬탄을 불러일으키는 주기적인 재발 안에서, 일관성을 보여준다. 유럽의 중앙 산맥에서처럼 안데스 산맥에서는 하나의 지층이 어느 정도 또 다른 지층을 불러오는 것처럼 보인다. 상응하는 질량들이 유사한 형태들을 형성한다. 즉 현무암과 반려암이 쌍둥이 산을 만들고, 백운암, 백악암과 반암은 가파른 절벽을 이루며, 유리질에 장석이 풍부한 조면암은 종 모양을 만들거나 둥근 돔 형태로 높이 솟는다. 가장 먼 지대에서 같은 바위의 결정(結晶)들은, 내부의 전개로 인하여 석기(石基)의 밀집된 조직에서 나온 듯, 서로 분리하고, 서로 덮어씌우고, 두 번째 형성물에 함께 모이고, 보통 말하는 새롭고 독립적인 지층이 가까이에 있음을 알려준다. 이렇게 상당히 널리 퍼진 모든 산맥은 크든 적든 뚜렷하게 온갖 비유기적 세계를 드러낸다. 그러나 암석들의 구성 방식, 상대적 연령, 바위의 다양한 형태의 출현이라는 가장 중요한 현상들을 이해하기 위해서는, 지구의 가장 상이한 여러 지역에서 실시한 관찰을 비교해야만 할 것이다. 지질학자가 자신의 북쪽 고향에서 오랫동안 수수께끼로 생각했던 문제들은 적도 근처에서 그 해답이 찾을 수 있다. 위에서 언급했듯이, 멀리 떨어진 지대들이 우리에게 새로운 형태의 암석들-기본적인 광물의 알려지지 않은 결합-을 알려주지 않을 수도 있다. 그렇다면 그 지역들은 대신 어디서나 동일하고 위대한 법칙의 비밀을 알려줄 것이다. 지각의 층들을 서로 겹

치게 만들거나, 쪼개서 수로들을 만들거나, 혹은 탄성이 풍부한 힘을 통해 상승시키는 그런 법칙을 말이다.

우리의 지질학적 지식은 광대한 지역을 연구하여 광범위하게 보강되었다. 그렇다고 해도 이 연설의 주요 주제를 구성하는 한 종류의 현상은 비교하기도 어렵고 접근하기도 매우 힘들다. 그 때문에 불완전한 방식으로 오랫동안 조사되어야 했다는 것은 놀라운 일이 아니다. 18세기 말까지 화산의 형태와 화산의 지하의 힘의 작용에 대해 알려진 모든 것들은 남부 이탈리아의 두 화산인 베수비오와 에트나에서 이뤄진 관측에서 비롯되었다. 베수비오 화산은 더 접근하기 쉽고 (거의 모든 낮은 화산들처럼) 더 자주 분화하기 때문에, 낮은 산이 화산의 유형처럼 되어버렸다. 사람들은 멀리 있는 세계 전체, 멕시코나 남아메리카, 아시아 섬들의 연속적이고 거대한 화산들이 이 유형에 따라서 형성되었다고 생각했다. 그런 추론 방식은 자신의 좁은 오두막 안에서 장엄하고 영원한 도시, 왕정 시대의 로마[221]의 모델을 보았다고 잘못 생각했던, 베르길리우스의 목동을 절로 떠올리게 한다.

확실히 지중해 전체, 특히 인류가 처음으로 정신문화와 더 고귀한 감정을 일깨운 동쪽 섬들과 해안 지역들을 보다 상세히 조사했더라면, 그렇게 편파적인 자연관은 없앨 수 있었을 것이다. 여기 스포라데스 산맥 중 조면암 바위들은 깊은 해저에서부터 솟아올라와 섬이 되었다. 이들은 주기적으로 나타난 아소르스 제도의 섬과 비슷한데, 이 섬들은 3세기 동안 3번, 거의 동일한 시간 간격으로 나타났다. 메톤 근처, 에피다우루스[222]와 트리

221 로마는 왕국으로 시작되었다. 왕정 시대의 로마를 고대 로마라고 하는데, 전통적으로 기원전 753년에 창건되었다고 한다. 창건자 로물루스 이래 왕정은 기원전 509년 공화정이 들어서기까지 이어졌다. 전승에 따르면 로마는 건국 이래 기원전 500년경까지 일곱 명의 왕이 통치했다고 전한다.

222 에피다우로스 또는 에피다브로스는 그리스 펠로폰네소스 반도 동부에 위치한 고대 그리스의 항구 도시이다. 현재는 펠로폰네소스 지역에 속하는 기초 자치 단체 중 하나이다.

지나[223] 사이에 있는 펠로폰네소스에는 몬테 누오보[224]가 있다. 스트라본[225]이 여기에 대해 기술했고 도드웰[226]도 이를 다시 본 적이 있다. 바이아 근처의 캄피 플레그레이[227] 평원은 몬테 누오보보다 높으며, 어쩌면 멕시코 평원의 호룰로의 새로운 화산보다 높을 것이다. 나는 이 화산이 지구로부터 솟아올라 여전히 연기를 내뿜고 있으면서, 수천 개 이상의 작은 현무암의 원뿔에 둘러싸여 있는 것을 발견했다. 지중해의 분지에서뿐만 아니라 지속적인 분화구들로부터, 스트롬볼리, 베수비오, 에트나와 같이 지구의 내부와 지속적으로 연결되어 있는 고립된 산들에서부터 화산의 불꽃이 폭발한다. 이스기아와 에포메오 산에서, 그리고 고대인들의 기록에 적혀있듯, 칼키스 근처의 렐란틴 평야에서는 갑자기 갈라진 땅 틈에서부터 용암들이 흘러나왔다. (역사적인 시대의 영역에서, 즉 확실한 전통의 좁은 범위에 속하고, 칼 리터[228]가 그의 뛰어난 연구서 『지리학』[229]에서 수집하고 해명할) 이러한 현상들뿐만 아니라, 지중해 해안들은 훨씬 이전에 발생한 분화 작용의 여

---

223 트리지나 또는 트로이젠은 그리스 펠로폰네소스 반도 북동부에 있는 작은 마을로, 아테네의 남서쪽이며, 메타나에서 남쪽으로 몇 마일 떨어진 곳에 있다.

224 몬테 누오보 (Monte Nuovo)는 이탈리아 남부의 나폴리 (Naples) 근처에 있는 캄피 프레 그레이 칼데라 (Campi Flegrei caldera) 내의 콘크리트 화산.

225 스트라본(고대 그리스어: Στράβων, 라틴어: Strabo, 기원전 63/64년-기원후 24년경): 고대 그리스의 지리학자, 역사가, 철학자이다. 프톨레마이오스와 함께 고대 그리스에서 가장 뛰어난 지리학자로 일컬어진다.

226 에드워드 도드웰(Edward Dodwell, 1767-1832): 아일랜드 여행 작가이자 고대 연구가.

227 캄피 플레그레이는 이탈리아의 나폴리에 있는 지형이다. 이곳은 화산 지형으로 초화산이며, 현재까지도 활동 중이다.

228 칼 리터(Carl Ritter 혹은 Karl Ritter, 1779-1859): 독일 지리학자. 알렉산더 폰 훔볼트와 과학적 지리학의 창시자로 불림.

229 칼 리터는 비유럽 세계 특히 아프리카에 관심이 많았다. 여러 권으로 되어 있는 그의 책 지리학 Erdkunde』(1817년 초판, 확장판 1822년) 1권은 아프리카를 다룬다.

러 가지 유적지들을 품고 있다. 남부 프랑스의 오베르뉴 지역에서는 화산들이 열 지어 있는 독특하고 밀집된 체계를 보여준다. 즉 종 형태의 조면암들이 원추형 분화구들과 교대로 나타나고, 분화구들에서는 띠 모양 같은 용암의 강들이 쏟아진다. 바다와 마주한 롬바르디아의 평원은 아드리아 해의 가장 깊숙한 만을 형성한다. 이 평원은 유가네안 산들[230]의 조면암을 에워싸고 있다. 그리고 이 산들에는 표면이 거친 조면암과 흑요석과 펄스톤의 돔 세 개가 솟아 있다. 이 세 개의 덩어리들은 하부 석회암과 유공충 석회를 뚫고 나왔는데, 그 분화량은 절대 빈약하지 않았다. 한때 처음으로 서구 세계 위로 비추었던 빛이 그곳으로 다시 되돌아오고, 억압받던 인류가 더 이상 오스만의 거친 야만성에 짓눌리지 않게 되었을 때, 지구의 고대 혁명의 유사한 증거가 그리스 대륙과 서아시아의 많은 곳에서, 그리고 언젠가 지질학자들이 연구하는데 풍부한 소재를 제공할 나라들에서 발견될 수 있다.

나는 이렇게나 다양한 현상들이 지질학적으로 가까이 있다는 사실을 상기시킨다. 일련의 섬들이 있는 지중해 해역의 분지가 최근에 남아메리카와 테네리프 혹은 극지방 근처의 알류산 열도들에 있는 다양한 형태들과 구조들에서 발견되는 모든 것을 주의 깊은 관찰자에게 제공할 수도 있다는 사실을 증명하기 위해서이다. 물론 관찰 대상은 한 지역에 밀집되어 나타난다. 하지만 화산 현상의 유사성과 그것의 상호 의존성을 명확하게 인지하기 위해서는, 멀리 떨어진 환경으로의 여행, 유럽 안팎의 거대한 지역의 비교는 꼭 필요하다.

종종 관습적인 언어 사용—최초의 사물에 대한 잘못된 관점들에 영

230 유가네안 산들(Euganean Hills): 파도바에서 남쪽으로 수 킬로미터 떨어진 파도바-베네치아 평원에 있는300-600m의 높이의 화산의 산 그룹.

속성과 권위를 부여하지만, 또한 종종 본능적으로 진실을 표현하기도 한다—으로 인해 다음과 같은 것들을 화산이라 기술한다. 즉 지하의 불과 용해된 물질들의 모든 분출. 리스본의 대지진 이후 콜레레스에서처럼 바위 틈에서 산발적으로 내뿜는 연기와 증기 기둥. 또 시칠리아의 기르젠티와 남아메리카의 투르바코에 있는 것들처럼, 축축한 진흙과 역청과 수소를 내뿜는 이구(泥丘)[231]나 점토 봉우리들을 말이다. 탄력 증기의 압력에 의해 상승하는 간헐 온천, 그리고 지구 내면 깊숙이 자리 잡고 있는 거친 자연력의 모든 작용을 일반적으로 화산이라 부른다. 중앙아메리카(과테말라)와 필리핀 섬들에서 원주민들은 물의 화산과 불의 화산(Volcanes de agua y de fuego)을 모양으로 구분하기까지 한다. 그들은 격렬하게 대지가 충돌할 때 그리고 둔중한 굉음과 함께 때때로 지하의 물을 뿜어내는 산들을 물의 화산이라 부른다.

방금 언급한 현상들의 연관성을 부정하지 않으면서도, 지리학의 물리적 부분과 지형학적인 부분에 보다 명확한 언어를 부여하는 것이, 그리고 화산이라는 단어를 영구적인 불의 입구를 갖는 것으로 끝나는 산이나, 화산 현상의 모든 지하의 원인을 나타내는 데 사용하지 않는 것이 바람직해 보인다. 하지만 현재의 지구 상태에서는 세계 모든 곳에서 (베수비오, 애트나, 테네리파의 픽스, 퉁구라구아와 코토팍시에서) 외떨어진 원뿔형 산들의 형태가 가장 흔히 관찰되는 화산의 모양이다. 나는 그런 화산들이 가장 낮은 산에서부터 해발 18000피트까지 고도가 높아지는 것을 보았다. 그런데 이런 원뿔형 산들과 함께, 널리 뻗은 뾰족뾰족한 산등성이 위에, 보다 더 정확히 말하면 장벽과 같은 봉우리의 한가운데가 아니라 봉우리의 끝자락인 급경사에 있는, 영원히 불을 뿜는 분화구, 다시 말해 지구의 내부와의 지속적인

231 이구(泥丘): 산에서 내뿜어진 진흙이 분화구의 주위에 쌓여서 된 원뿔 모양의 언덕.

소통도 발견할 수 있다. 피에르 부게르[232]의 최초 기압 공식을 유명하게 해준, 남태평양과 키토 시 사이에 솟아 있는 피친차[233]가 그런 유형으로, 해발 10,000피트 고도의 스텝 지대인 누도 데 로스 파스토스[234]에 솟아 있는 화산이다. 다양한 모양의 이 모든 산봉우리들은 전에는 트랩 반암(Trapp-Porphyr)으로 불렸던 조면암(Trachyt)으로 구성되어 있다. 이것은 좁쌀 모양에 틈이 있고 뾰족뾰족한 돌로, 다양한 종류의 장석류(래브라도라이트, 정장석, 조장석), 규산류, 각섬석과 때로는 혼합 운모, 심지어 석영으로 구성되어 있다. 최초 폭발의 증거들-나는 이를 옛 구조물이라 부르고 싶다-이 완벽하게 보존되어 있는 곳, 그곳에는 외떨어진 원뿔형태의 산들을 경기장처럼 높은 바위 장벽이, 겹겹의 지층으로 된 외투가 에워싸고 있다. 그런 장벽이나 반지 모양의 주변을 입면 분화구라고 한다. 이는 크고 중요한 현상이다. 나도 이 논문에서 그의 저서에서 많은 관점을 차용한 바 있는, 우리 시대의 최고의 지질학자인 레오폴트 폰 부흐[235]가 5년 전 이 현상에 대해 아주 중요한 논문을 우리 학술원에 제출했었다.

분화구를 통해 대기와 소통하는 화산들, 원뿔형의 현무암 산과 종모양의 분화구가 없는 조면암 산들, 특히 마지막 산들은 사르쿠이 산처럼 낮고, 침보라소 산처럼 높은 다양한 그룹을 형성한다. 비교지리학은 작은 열

---

232 피에르 부게르(Pierre Bouguer, 1698-1758): 프랑스의 수학자, 지구물리학자, 천문학자, "선박공학의 아버지".

233 피친차 산(Cerro Guagua Pichincha): 에콰도르의 수도 키토 바로 옆에 자리를 잡고 있는 성층화산으로, 활화산이다.

234 누도 데 로스 파스토스(Nudo de los Pastos): "파스토의 매듭", "와카의 대산괴"로도 알려져 있으며 에콰도르의 카르치 지방과 콜롬비아 나리뇨 주에 위치한 안데스 지형 단지.

235 레오폴트 폰 부흐(Christian Leopold von Buch, 1774-1853): 독일 지질학자이자 고생물학자. 19세기 전반기 지질학의 중요한 공헌자.

도, 말하자면 카나리아 제도와 아조르스의 분화구와 용암류[236]가 있거나, 유가네안 산들과 본 근처의 지벤게비르게의 분화구가 없고 자체 용암류가 없는 독립적인 산악 체계를 보여 주기도 한다, 때로는 과테말라, 페루와 자바에서처럼 단일 혹은 이중 체인으로 배열되어 산의 주요 방향과 평행하게 수백 마일 길게 이어지는 화산들을 보여 주거나, 아니면 아열대 멕시코에서처럼 산의 중심축을 수직으로 교차하는 화산들을 보여준다. 아즈텍의 이 땅에서는 불을 내뿜는 조면암 산들만이 높은 설선에 닿아있고, 하나의 위도 범위 안에 이어졌다. 아마도 태평양에서 대서양까지 105지질학 마일로 전 대륙을 가로지르는 하나의 크레파스를 뚫고 나왔을 것이다.

때로는 떨어져서 다소 둥근 그룹으로, 때로는 이중의 형태로 무리 지어진 화산들은 다음과 같은 결정적인 증거를 보여준다. 즉, 화산의 작용은 표면 가까이에 있는 사소한 원인에 달려있는 것이 아니라, 거대하고 깊은 근원적인 현상에 달려있다는 것을 보여준다. 금속이 부족한 아메리카 대륙의 동부 전 지역은 현재의 상태에서는 분화구도 조면암 덩어리도 감람석을 함유한 현무암도 없을 것이다. 아메리카 대륙의 모든 화산들은 아시아와 교차로 놓인 대륙의 지역에, 자오선 방향으로 1800지질학 마일로 뻗어있는 긴 안데스 산맥에 놓여 있다.

또한 그 최고봉인 피친차, 코토팍시[237]와 퉁구라와[238]를 형성하는 키토의 고지대 전체 역시 하나로 된 화산 화덕이다. 지하의 불은 보통 하나의 구멍에서 터지며, 때로는 일반적으로 고립된 화산처럼 보이는 이 구멍들

---

236 용암류(鎔巖流, Lava flow): 용암이 유출되어 나오는 것으로 비폭발적인 유출성 분출 중 생긴다. 움직임이 멈추면 용암은 굳어 현무암이 된다.

237 코토팍시(Cotopaxi): 세계 최고의 활화산(5,897m)

238 퉁구라와(Tungurahua): 에콰도르에 있는 성층화산으로, 에콰도르에서 가장 활동이 활발한 활화산이다. 대부분 분화에서 용암류가 하늘 높이 치솟았다.

중의 하나에서 분화한다. 이곳에서 300년 동안 점진적인 불의 움직임이 북쪽에서 남쪽으로 이어졌다. 지구의 이 부분을 무섭게 습격하는 지진조차도, 오랫동안 알려진 화산이 없는 나라들 사이에서뿐만 아니라 서로 멀리 떨어져 있는 분화구 사이도 지하로 연결되었다는 놀라운 증거를 제공한다. 그렇게 구아이타라 강의 동쪽 파스토 화산은 1797년 3달 동안이나 끊임없이 높은 연기 기둥을 뿜어내었다. 그리고 그곳에서 60마일이나 떨어진 곳에서 리오밤바의 대지진과 모야 강의 진흙 분출로 인해 3만 명에서 4만 명의 원주민들이 사망했던 순간, 그 연기 기둥들은 사라졌다.

1811년 1월 30일, 아소르스 제도의 섬 사브리나의 갑작스러운 등장은 끔찍한 지진의 전조였다. 이 지진은 1811년 5월부터 1813년 7월까지, 멀리 서쪽에서 처음에는 안틸레스 제도, 그 다음에는 오하이오 주와 미시시피 평야, 그리고 마지막으로는 베네수엘라와 카라카스의 반대편 해안의 평야를 거의 끊임없이 흔들어댔다. 이 나라의 아름다운 수도가 완전히 파괴된 뒤 30일이 지났을 때는 가까운 곳의 안틸레스의 세인트 빈센트 섬에 있던 오랫동안 쉬고 있던 화산의 폭발이 뒤따랐다. 기이한 자연 현상이 이 폭발과 같이 일어났다. 1811년 4월 30일, 폭발이 일어난 순간, 남아메리카에서는 2200 지질학 평방미터 범위 안에서 무시무시한 지하 굉음이 들려왔던 것이다. 리오 눌라 강이 합류되는 아푸레 강가 거주민들과 베네수엘라의 가장 먼 해안가 주민들은 이 굉음을 둔중한 대포 소리와 비교했다. 내가 오리노코 강으로 들어올 때 지나왔던, 아푸레 강으로 흘러드는 리오 눌라의 합류 지점에서부터 세인트 빈센트 화산까지는 직선거리로 157마일이다. 대기로 퍼져나가지는 않았던 이 굉음은 지하 깊은 곳에 그 근원이 있었음이 분명하다. 화산 폭발 지점 근처에 있는 안틸레스 해안가들에서의 그 굉음은 내륙 즉 아푸레 강과 오리노코 강 유역에서보다 별로 더 세지 않았다.

내가 수집한 그런 예의 숫자를 늘리는 것은 별 의미가 없을 것이다. 하지만 유럽한테 역사적으로 더욱 중요한 어떤 현상을 상기시키기 위해서, 리스본의 잘 알려진 지진에 대해서만 회상해보기로 한다. 1755년 11월 1일, 리스본 지진과 동시에 스위스의 호수들과 스웨덴 여러 해안의 바다가 격렬히 흔들렸을 뿐만 아니라, 동쪽 안틸레스 바다, 즉 마르티니크, 앤티가 섬[239]과 바베이도스 주변에서는 한 번도 28촐[240] 이상 되었던 적이 없던 파도가 갑자기 20피트 높이로 상승했다. 이 모든 현상은, 지하의 힘들은 역동적으로 강렬하게 충격적으로 자신을 드러낸다는 것을, 또는 지하의 힘들은 화산들의 생산적이며 화학적으로 변형되는 방식으로 자신을 드러낸다는 것을 증명한다. 또한 이 힘들이 표면적으로, 얇은 지각에서부터 효력을 발생하는 것이 아니라, 심연과 빈 암맥을 통해 지구 표면의 가장 먼 지점에서부터 효력을 발생한다는 것을 증명하기도 한다.

일종의 수로를 통해 지구 내부의 용해된 반죽이 지표면에 도달하는데, 이 수로를 감싸고 있는 화산 즉 구릉의 구조가 복잡하면 할수록, 정확한 측정을 통해 이 구조를 밝히는 것이 더욱더 중요해진다. 이런 측정에 대한 관심-지구의 다른 쪽에서 행한 내 연구의 특별한 목표-은, 측정의 대상이 되는 것들은 많은 지점에서 상이한 크기를 갖는다는 점을 고려할 때 더욱 커진다. 자연철학은 수고롭게 이 현상의 변화 속에서 현재를 과거와 연결시키고자 한다.

자연에서 주기적인 반복 혹은 점진적인 변화의 법칙을 해명하기 위해서는 어떤 확실한 논점들, 신중하게 수행된 관찰들이 필요하다. 이런 관찰

---

239 앤티가 섬: 카리브 해와 대서양을 끼고 있는 섬나라이자 영국 연방의 회원국인 앤티가 바부다(영어: Antigua and Barbuda, 문화어: 안티구아 바부다)의 섬. 이 나라는 앤티가 섬과 바부다 섬이라는 비교적 면적이 넓은 섬 두 개와 작은 섬들로 이루어진 소규모 열도를 영토로 가지고 있다.

240 촐(Zoll): 2.3~3㎝ 의 길이에 해당하는 독일의 옛날의 길이 단위.

은 특정 시기와 연관되어, 수치 비교에 이용될 수 있다. 만약 천년마다 대기의 평균 기온이나 혹은 해수면에서 기압계의 평균 레벨을 밝혀낼 수 있었다면, 기후의 온기는 어떤 관계 속에서 상승 혹은 하강하게 되는지, 혹은 대기의 높이는 어떤 변화를 겪었는지 등을 우리는 알 수 있었을 것이다. 자기 바늘의 기울기와 편차 그리고 전자 자기력의 세기를 측정하기 위해서도 바로 이런 비교점이 필요한데, 이 비교점에 대해서는 아카데미에 소속된 두 명의 탁월한 물리학자인 제베크[241]와 에르만[242]이 정말 위대한 빛을 밝혀주었다. 온기, 기압, 자기의 방향과 전하의 우주적 변화를 끈기 있게 조사하는 것이 학자 그룹의 명예로운 작업이라면, 이와 반대로 울퉁불퉁한 지구 표면을 조사하며 화산의 고정되지 않은 높이에 주의를 기울이는 것은 여행하는 지질학자의 의무라 하겠다. 내가 전에 멕시코 화산, 즉 톨루카[243], 포포카테페틀[244], 나우캄파테페틀로이라고도 알려진 코프레 데 페로테[245], 소룰로와 같은 곳에서, 키토의 안데스에 있는 피친카 화산에서 시도한 것을, 유럽에 돌아와서는 다양한 시기에 베수비오 산에서 반복할 기회가 있었다. 삼각법 또는 기압계로 완벽한 측정이 보장되지 않을 경우에는, 정확하게 설정된 지점에서 정밀하게 측량된 고도 각도가 그것들을 대신할 수 있다. 제때에 다른 지점에서 측정된 이런 고도 각도를 비교하

241 토마스 요한 제베크(Thomas Johann Seebeck, 1770-1831): 독일 물리학자.

242 파울 에르만(Paul Erman, 1764 - 1851): 독일 물리학자.

243 네바도 데 톨루카(Nevado de Toluca): 멕시코 중심부의 성층화산으로 멕시코시티에서 서쪽으로 약 80km 떨어진 톨 루카시 근처에 위치

244 포포카테페틀 산: 멕시코에 있는 성층화산으로, 활화산이며 분화 기록이 남아 있다. 2012년에도 분화했었다.

245 Nauhcampatépetl 혹은 Cofre de Perote: "네 개의 산의 장소" 또는 "네 개의 장소의 제왕의 산"의 의미하며, 멕시코 베라크루스 주에 위치한 비활성 화산이다.

는 것이, 학문적으로 재검 가능한 완벽한 처치의 복잡성보다 종종 더 나을 수도 있다.

소쉬르[246]는 1773년, 분화구의 양쪽 가장자리, 즉 서북쪽과 동남쪽의 높이가 똑같아 보이던 때에 베수비오 화산[247]을 측정했다. 그는 분화구의 높이가 해발 609투아즈 혹은 3654프랑스 피트라는 것을 알았다. 1794년의 폭발로 인해 남쪽 분화구가 함몰하여, 그 가장자리의 높이가 달라졌다. 잘 모르는 사람이 멀리서 보아도 분화구 높이의 차이는 상당했다. 우리 즉 레오폴트 폰 부흐[248]와 게이뤼삭[249]과 나는 1805년 베수비오 화산을 세 번 측량하였다. 소모 산 건너편, 북쪽 가장자리에 라 로카 델 팔로는 소쉬르가 발견했을 때와 똑같이 서 있었다. 하지만 1773년에 그가 측량했던 것보다 75투아즈(450피트) 더 낮다는 것을 발견했다. 그 당시 토레 델 그레코 방향(30년 동안 화산불이 주로 작용한 방향)으로 화산의 전체 높이 중 1/8 가량이 깎여나갔다. 화산재로 된 원뿔형 봉우리를 산의 전체 높이와 비교하면, 베수비오는 1:3, 피친차는 1:10, 테네리파의 픽은 1:22의 비율을 보인다. 베수비오는 비율상 이 세 화산 중 가장 높은 화산재 봉우리를 갖는

246 오라스 베네딕트 드 소쉬르(Horace-Bénédict de Saussure, 1740-1799): 스위스의 자연과학자, 철학자. '과학적 근대 등반의 아버지'라고 불림.

247 베수비오 산은 낙타등 모양의 두 봉우리를 가졌다. 그란 코노(Gran Cono) 봉우리에는 오랜 화산 분화구에 칼데라가 생성됐다. 이로 미루어 보아 베수비오 화산은 원래 지금보다 컸을 것으로 짐작된다. 작은 봉우리는 소마 산(이탈리아어: Monte Somma)이라 부른다. 이 둘을 합쳐 베수비오-소마 화산이라 부르기도 한다.

248 크리스티안 레오폴트 폰 부흐(Christian Leopold von Buch, 1774-1853): 보통 레오폴트 폰 부흐라 부른다. 독일의 지질학자이자 고생물학자로, 19세기 전반기 지질학에 가장 중요한 공헌자 중의 한 사람.

249 조제프 루이 게이뤼삭(Joseph Louis Gay-Lussac, 1778-1850): 프랑스의 화학자, 물리학자. 게이뤼삭의 법칙 발견.

데, 베수비오가 낮은 화산인데다 화산 활동 대부분이 꼭대기에서 일어났기 때문일 것이다.

몇 달 전(1822년)부터 난 운이 좋게 이전에 했던 베수비오 산의 높이를 재차 측량할 수 있었을 뿐 아니라, 이 산을 세 번 오르면서 모든 분화구 주변을 보다 더 완벽하게 측정할 수 있었다. 이 연구 작업은 1805년에서 1822년 동안 진행된 장기간의 대규모 폭발을 다루었기 때문에, 그리고 어떤 화산이라도 그 부분들을 전부 유일하게 비교 측정하였기 때문에 흥미로웠다. 지금까지는 하나의 화산만 이런 비교 측정을 했었다. 이 측정으로 분화구의 테두리가, 예를 들어 테네리파의 정상과 안데스 산맥의 모든 화산의 경우에, 눈에 띄게 조면암으로 구성되었을 뿐만 아니라, 우리가 이제까지 대충 관찰하여 믿었던 것보다 분화구의 변화는 더 지속적인 현상이라는 사실을 증명해준다. 나의 최근 측정에 따르면 소쉬르의 관찰 이후 49년 동안, 베수비오의 서북쪽 가장자리는 전혀 변화가 없었다. 반면 보스코트레카세 쪽을 향하고, 1794년 측정 결과 400피트 낮았던 동남쪽 가장자리는, 거의 10토아즈(60피트)정도의 변화가 있었다.

만약에 대중신문들에서 대규모 화산 분화들을 묘사할 때 너무나 자주 언급된 베수비오의 형태가 완전히 변했다는 기사를 읽는다면, 만약에 나폴리에서 화산 쪽을 보며 그린 산맥의 그림 같은 풍경을 보며 이 주장이 옳다고 믿는다면, 그러면 이런 잘못의 원인은 분화구 가장자리의 윤곽과 용암적구[250]의 윤곽을 헷갈렸기 때문이다. 이 봉우리는 우연히 분화구 가운

250 용암적구(熔岩滴丘) 혹은 용암탑(塔): 독일어로는 Auswurfskegel, 영어로는 spatter cones. 화산 콘 혹은 화산 원뿔(Volcanic cone) 유형 중의 하나이다. 화산 콘은 중앙 분화구가 있는 원뿔 모양으로 화산 분출구 주위에 쌓이는 화산 분출구에 의해 만들어진다. 화산 원뿔은 분화 중에 분출된 파편의 성질과 크기에 따라 다양한 유형이 있다. 화산 원뿔의 유형에는 stratocones, spatter cones, tuff cones 및 cinder cones가 포함된다.

데서도, 증기 때문에 화산 입구가 불쑥 솟은 듯한 모양을 하고 있다. 이 분화 봉우리는 라필리[251]와 응회석이 엉성하게 쌓이면서 1816년과 1818년 사이, 점점 동남쪽 분화구 가장자리 위쪽으로 솟아올라 눈에 띄었다. 1822년 2월의 폭발로 인해 그 봉우리는 더욱 커져, 분화구 가장자리인 로카 델 팔로보다 100에서 110피트 높아졌다. 나폴리에서는 보통 이 기이한 원추형 봉우리를 베수비오의 원래 산봉우리로 보곤 하였는데, 이 봉우리가 10월 22일 밤, 마지막 분화 때 엄청난 굉음을 내며 무너졌다. 그래서 1811년 이후 아무런 방해 없이 접근이 가능한 분화구 바닥은 현재 화산의 북쪽 가장자리보다 750피트, 남쪽 가장자리보다 200피트 낮아졌다. 분화 봉우리의 입구는 분화가 얼마나 자주 일어났는가와 상관없이 화산 분화구와 헷갈리지 않는데, 그 분화 봉우리의 변화 가능한 형태와 상대적인 위치는 베수비오에게 여러 시간을 거치는 동안 고유한 인상을 부여했다. 화산의 역사 기술가는 화산 정상의 윤곽에서, 팔라스테 폰 포르티치에서 하커르트[252]가 그려낸 풍경화를 보는 것만으로도, 즉 산의 남쪽이나 북쪽이 더 높게 그려진 것을 보고 예술가가 그림을 그리기 위해 스케치한 연도를 추측할 수 있다.

10월 23일에서 24일로 넘어가는 밤 다음 날에, 이미 가는 용암류가 무수히 흘러내려 400피트 높이의 응회석 봉우리가 붕괴되자, 화산재와 이글이글 타오르는 라필리의 분화가 시작되었다. 분화는 12일 동안 쉬지 않고 계속되었는데, 4일째 되던 날에 가장 큰 분화가 일어났다. 이 기간에 화산 내부의 폭발이 얼마나 강력했던지 대기의 흔들림만으로도 (사람들은 지진

251 lapilli(rapilli): 라틴어로 '작은 돌'이라는 뜻. 화산 폭발이나 일부 운석 충돌 중에 공기 중에서 떨어지는 물질로, 직경 2~64mm(0.08~2.52인치). 화산자갈, 부석으로 번역되기도 한다.

252 야콥 필립 하커르트(Jakob Philipp Hackert, 1737-1807): 독일 고전주의 풍경화가.

은 전혀 느끼지 못하고 있었다) 포르티치 궁전의 방들의 지붕이 날아갈 정도였다. 근방에 있는 마을인 레시나와 토레델그레코, 토레델안눈치아타, 보스코트레카세에서는 이상한 현상이 일어났다. 대기가 재로 가득차서, 한낮인데도 온 지역이 몇 시간 동안 깊은 어둠에 덮였던 것이다. 피친차에 폭발이 일어났을 때, 키토에서 자주 그랬던 것처럼 사람들은 등불을 켜고 거리로 나갔다. 거주민들은 보통 도망가는데 그런 일은 절대 일어나지 않았다. 사람들은 용암류를 화산재 분화보다는 덜 두려워했다. 헤르쿨라눔, 폼페이, 스타비를 파괴할 정도의 그런 화산재 분화와 같은 현상이 이곳에서는 알려지지 않았지만, 어두운 전설을 통해 인간의 상상력을 공포의 영상으로 채웠다.

화산 폭발 시 분화구에서 대기로 치솟은 뜨거운 수증기가 식으면서 9천 피트 높이의 재와 불기둥 주변에 두터운 구름을 형성한다. 게이뤼삭이 보여준 대로, 그러한 갑작스러운 증기의 응축, 즉 구름의 형성은 전압을 증가시킨다. 번개가 화산재 기둥에서부터 모든 방향으로 꿈틀거리며 뻗어나가고, 사람들은 화산의 내부에서 나는 꽝하는 소음과 우르릉거리는 천둥소리를 분명하게 구분할 수 있었다. 다른 화산 폭발에서는 이런 벼락의 유희를 본 적이 없었다.

10월 26일 아침, 특별 뉴스가 퍼졌다. 분화구에서 물이 끓어 넘쳐 시냇물을 이루었고, 화산재 봉우리가 무너져 내렸다는 소식이었다. 열정적이고 박학한 화산 관찰자 몬티첼리[253]는 시각적 착각으로 인해 이러한 잘못된 소문이 퍼졌다는 것을 곧 알아차렸다. 시냇물이라고 한 것은 다량의 건조한 화산재인데, 이것이 분화구의 제일 높은 가장자리의 어떤 틈에서 유

253 테오도로 몬티첼리(Teodoro Monticelli, 1759-1845): 이탈리아의 박물학자. 주요 관심사는 화산학 및 베스비오 화산과 화산 지형 캄피 플레그레이의 광물학 연구.

사(流砂)[254]처럼 쏟아져 나왔던 것이다. 베수비오 화산의 폭발에 앞서 가뭄이 먼저 일어나 들판을 황폐화시킨 뒤, 그 끝 무렵에 방금 위에서 언급한 화산의 뇌우가 정말 오래 지속하는 억수같은 비를 몰고 왔다. 이러한 현상은 모든 지역에서 화산 폭발의 끝을 보여 주는 특징이었다. 폭발이 일어나는 동안에는 보통 화산재 봉우리가 구름에 덮여 있고, 엄청난 폭우를 근방에다 강력하게 쏟아내기 때문에, 사방에서 진흙이 대량으로 쏟아져 내리는 것을 볼 수 있다. 놀란 지역 주민은 이런 진흙더미가 화산의 내부에서 솟구치는 물이며, 분화구를 통해 쏟아져 내린다고 생각하게 된다. 착각한 지질학자는 이러한 물에서 바닷물이나 화산의 진흙과 같은 생성물 일명 폭발 오물(Éruptions boueuses)을, 옛날 프랑스 체계학자들의 언어에 따르면 이글거리는 물과 같은 액화(Liquefaction) 생산물을 발견했다고 믿는다.

화산 봉우리(그리고 이것은 대개 안데스 산맥의 경우이다)가 설선[만년설이 시작되는 부분의 경계선]보다 위에 있거나 에트나 화산보다 두 배 이상 클 경우, 녹으면서 휩쓸며 지나가는 눈 때문에 위에 서술한 범람이 매우 빈번해지고 사방을 파괴한다. 이런 사건들은 화산 폭발과 기상학적으로 관련이 있다. 산의 높이와 항상 만년설인 산봉우리의 크기 그리고 화산재 봉우리의 외벽 온도를 통해 이런 사건들은 다양하게 변한다. 하지만 이를 화산의 고유 현상으로 보아서는 안 된다. 넓은 동굴 안에, 때로는 화산의 경사에나 발치에 지하 호수가 생성되는데, 이 호수들은 알프스의 시냇물들과 여러 가지로 관련이 있다. 안데스 산맥의 모든 화산 폭발에 앞서 발생하는 지진은 화산 전체 덩어리를 뒤흔들어 지하의 둥근 천장을 연다. 그러면 그 천장들에서 물과 물고기와 응회암 같은 진흙이 동시에 쏟아져 내린다. 이것

254 유사(流砂): 바람이나 흐르는 물에 의하여 흘러내리는 모래.

은 키클롭스의 거대한 메기(Pimelodes Cyclopum)[255]가 베푸는 아주 특별한 현상이다. 키토 고원의 주민들은 이 물고기를 프레피아딜라(Prefiadilla)라고 부르는데, 나는 고국으로 돌아온 직후 이 물고기에 대해 기술한 적이 있다. 1698년 1월 19일에서 20일로 넘어가는 밤, 침보라소 북쪽에서 18,000피트의 산 카르구아이가초의 봉우리가 무너졌을 때, 그때 거의 2㎢를, 주변의 모든 들판을 진흙과 물고기가 뒤덮었다. 유사하게 그보다 7년 전에, 아바라 시[256]에서 발생한 발진티푸스도 임바부루 화산에서 튀어나온 물고기 탓이었다.

내가 이런 사실을 기억하는 이유는 이러한 사실들이 마른 재의 분출과, 나무와 석탄의 진흙과 같은 혼합물의 분출 그리고 응회암과 화산토로 이루어진 충적토 안에 있는 조개들의 분출 사이의 차이에 대해 약간의 빛을 던져주기 때문이다. 베수비오가 가장 최근 내뿜은 화산재의 양은, 화산들과 다른 무시무시한 자연현상과 결합된 모든 사건들처럼 여러 신문에서 엄청나게 과장되었다. 빈센조 페페와 주제페 디 노빌리[257]와 같은 나폴리 화학자들조차 몬티첼리와 코벨리니[258]의 반대에도 불구하고 화산재에 금과 은이 함유되어 있다고 썼다. 내 연구에 따르면 12일 동안 보세 트레 카세 방향에 쌓인, 즉 화산 자갈인 라필리가 뒤섞인 원추부 경사면에 떨어져 쌓인 화산재 층은 3피트에 불과했고, 평야에는 두께가 최고 15내지 18촐이었다. 화산재가, 눈이나 모래처럼, 바람에 의해 모이거나 물에 의해 죽

---

255 Pimelodes Cyclopum(독일어: Wels der Cyclopen): 훔볼트가 발견한 종으로 그는 화산 현상과 관련하여 처음 이 물고기에 관해 서술했다.

256 이바라: 에콰도르 북부에 위치한 도시로 정식 명칭은 산미겔데이바라. 에콰도르의 수도인 키토에서 북동쪽으로 약 70km 정도 떨어진 곳에 위치.

257 주제페 디 노빌리(Giuseppe di Nobili, 1877-1908): 이탈리아 동물학자. 특히 갑각류 연구.

258 니콜라 코벨리니(Nicola Covelli 혹은 Niccolò Covelli; 1790 - 1829): 이탈리아 광물학자.

처럼 떠밀려온 곳에서는 이런 식으로 측정해서는 안 된다. 고대인의 방식으로, 화산 현상들 안에서 오직 경이로움만 찾던 시대는, 그리고 그테시아스[259]처럼 에트나 화산의 재가 인도 반도까지 날아갔다고 주장했던 시대는 지나갔다. 멕시코의 금과 은의 광맥 일부가 조면암의 성질을 갖는 반암에 있다는 것을 인정하지만, 내가 직접 수집해서 훌륭한 화학자인 하인리히 로제[260]에게 보내 연구를 부탁했던 베수비오의 재 안에서는 금이나 은의 흔적은 찾을 수 없었다.

여기서 내가 전개하는 결과가 몬티첼리의 정확한 관찰과 일치하고, 최근 몇 달 동안 널리 알려진 결과들과는 차이가 나지만, 10월 24일부터 28일까지의 베수비오 화산재 분화는 대(大)플리니우스가 사망한 이후 기록들(믿을만한 보고서가 있다) 중 가장 기억할 만한 것이다. 사람들이 이탈리아에서 화산 현상을 주의 깊게 관찰한 이후로, 그 화산재의 양은 모든 화산재보다 세 배는 더 많을 것이다. 언뜻 봐서 15 내지 18촐이나 되는 화산재의 층은 폼페이를 덮은 화산재의 양에 비하면 별 것 아니었다. 그러나 수백 년 동안 화산재를 이만큼 증가시킨 폭우나 토양충적은 고려하지 않더라도, 또 캄파니아의 도시들의 파괴 원인에 대해 알프스 저편에서 거대한 회의주의를 품고서 이어갔던 생생한 논쟁을 다시 불러내지 않더라도, 우리는 여기서 다음과 같은 사실을 기억하는 것이 좋다. 즉 상당한 시간적 거리를 두고 거듭된 화산 폭발들은 그 폭발력에 따라서는 절대 서로 비교할 수 없다는 점 말이다. 유추에 기초한 모든 결론들이 양적인 주변 상황에, 용암과 화산재의 양에, 연기 기둥의 높이에, 폭발력 강도에 적용될 경우에,

259 크테시아스(Ctesias): 카리아 크니도스 출신으로 기원전 5세기에 활약한 고대 그리스의 의사, 역사가.

260 하인리히 로제(Heinrich Rose, 1795-1864): 독일 광물학자이자 분석 화학자.

그 결론들은 충분하지 않다.

경석이 화산에서 생성되었다는 스트라보[261]의 지리 서술과 비트루비우스[262]의 판단에 근거하여, 베스파시아누스가 사망한 해까지, 다시 말해 폼페이를 뒤덮어 버린 폭발이 일어났을 때까지, 사람들이 베수비오를 솔파타라 화산처럼 다 타버린 화산으로 생각했음을 알 수 있다. 긴 휴식 이후 지하의 힘들이 갑자기 새로운 통로를 열었을 때, 그 길들이 최초에 형성된 돌과 조면암으로 된 지층들을 다시 뚫고 들어갔을 때, 여러 영향들이 나타났다. 따라서 그 뒤에 이어진 영향들은 이것과 비교할 수가 없다. 소(小)플리니우스가 그의 삼촌 대(大)플리니우스의 죽음에 관해 타키투스에게 보고한 유명한 편지에서 보면, 휴화산의 재활성은 화산재의 분화로 시작되었다는 사실을 명확히 알 수 있다. 이런 현상은 호룰소 화산의 경우 즉 1759년 9월 새로운 화산이 성장암과 조면암의 지층을 뚫고 갑자기 지상으로 솟아올랐을 때도 나타났다. 거주민들은 사방에 금이 간 대지에서 뿜어나오는 재가 그들의 오두막으로 떨어지자 도망쳤다. 이와는 달리 화산이 평범하고 주기적으로 활동할 경우에는 화산재가 섞인 비가 내려 부분적인 모든 분화를 멈추게 한다. 소(小)플리니우스의 편지의 한 부분에서 분명히 읽을 수 있는 또 다른 사실은, 분화가 시작되자마자 충적토의 영향이 없이도 대기에서 떨어진 마른 재가 4내지 5피트 높이 달했다는 것이다. 이어지는 편지에는 "플리니우스가 낮의 휴식을 취하는 방으로 가려면 마당을 지나야하는데, 그 마당이 화산재와 경석으로 가득차서, 낮잠을 자는 사람이

261 스트라보(고대 그리스어: Στράβων, 라틴어: Strabo, 기원전 63/64년-기원후 24년경): 고대 그리스의 지리학자, 역사가, 철학자. 프톨레마이오스와 함께 고대 그리스에서 가장 뛰어난 지리학자로 일컬어진다.

262 비트루비우스(Vitruvius. 기원전 80~70년 사이출생-기원전 15년경 사망): 로마의 건축가이자 엔지니어.

좀 더 머뭇거렸더라면, 출구가 막힌 것을 보았을지도 모른다"고 적혀있다. 마당의 닫힌 공간에서는 화산재를 한쪽으로 몰아붙이는 바람의 영향을 관찰할 수 없었을 것이다.

나는 베수비오에서 개별적으로 관찰하며 실행했던 화산들의 비교 연구를 중단했는데, 이는 부분적으로는 최근 폭발로 인해 생겨난 큰 관심 때문이기도 하고, 또 부분적으로는 모든 강력한 화산재 비가 저절로 폼페이와 헤르쿨라네움의 고대 토양을 기억나게 했기 때문이다. 지난 해 말, 베수비오에서 그리고 플레그레이[263] 여러 들판에서 기압계로 측정할 기회가 있었고, 그때 측정한 모든 요소를 부록에 요약해 놓았다. 하지만 이번 강연에서 낭독하기에는 적합하지 않다.

우리는 지금까지 하나의 분화구를 통해 지구 내부와 지속적인 관계를 맺고 있는 화산들의 형태와 영향을 관찰했다. 그런 화산들의 봉우리는 여러 암맥으로 인해 수많은 갈래로 갈라져 불쑥 솟은 조면암과 용암의 덩어리다. 화산으로 인한 영향의 지속성은 아주 복합적인 구조를 추론하게 만든다. 그 영향들은 어느 정도 개별적인 특성을 갖고 있는데, 이 특성은 오랜 기간 동안 동일하게 남아 있다. 서로 가까이 있는 그런 종류의 산들에는 대부분 아주 다른 산물들, 백류석 용암과 장석 용암, 경석이 포함된 흑요석, 감람석과 현무암 덩어리들이 있다. 이 산물들은 훨씬 더 새로운 지구의 현상에 속하는데, 광석으로 된 산의 모든 층을 대부분 뚫고나왔고, 그것들의 분화와 용암의 시내는 좀 더 나중에 우리 계곡들의 근원이 되었다. 비유적인 표현을 해도 된다면, 그 암석들의 삶은 자기들이 지구 내부와 연결되는 방식과 기간에 달려 있다.

화산들은 종종 수세기 동안 평온하게 있다가, 갑자기 다시 불이 붙어

263 캄피 플레그레이(Campi Flegre): 이탈리아의 나폴리에 있는 화산지형.

수증기와 다양한 종류의 가스와 산(酸)을 내뿜는 솔파타라 산[264]으로 끝난다. 하지만 때때로 테네리프 섬의 최고봉 피코 델 테이데(Pico del Teide)에서 보듯, 화산 정상은 부활한 유황의 작업장이 되었으며, 여전히 다량의 용암류가 산비탈을 흐른다. 심연에는 현무암과 같은 종류가, 압력이 더 낮은 곳에서는 경석을 포함한 흑요석과 같은 것이 위로 뿜어져 나온다.

영구적인 분화구를 갖춘 이런 화산들 이외에도 다른 종류의 화산 현상들이 있다. 이것들은 전자에 비해 거의 관찰되지 않지만, 무엇보다도 지질학자에게 도움이 되며, 원시세계 즉 지구의 최초의 변혁들을 상기시킨다. 조면암으로 된 산들이 갑자기 열리면서 용암과 화산재를 뿜어내고는 다시 닫히는데, 어쩌면 거의 언제나 그런 식일 것이다. 안데스 산맥에 있는 강력한 안티사나 화산[265]이 그랬고, 1302년 이스키아 섬의 에포메오 산이 그랬다. 그런 분화는 가끔 평야지대에서, 즉 키토 고원지대, 헤클라[266]에서 멀리 떨어진 아이슬란드, 에우보이아 섬, 렐란틴 평야에서도 발생했다. 위로 솟은 많은 섬들은 이런 일시적인 현상의 결과에 속한다. 그러나 이 경우에 지구 내부와의 연결은 영구적이지 않다. 소통 통로인 균열이 다시 닫히자마자 활동을 중단한다. 지구의 다양한 부분들에서 거의 모든 지층을 가로지르며 형성된 현무암과 돌레라이트와 반암 암맥, 과도기 산맥의 최근 지층과 광석층 산맥의 가장 오래된 지층의 특징인 섬장암, 안산반암과 행인공[267] 암괴는 아마 유사한 방식으로 형성되었을 것이다. 우리 행성이 유년시

264 솔파타라(Solfatara): 이탈리아의 캄피 플레그레이 칼데라에 있는 화산 분화구로, 분화구 내에서는 유황 성분이 매우 많다.

265 안티사나(Antisana)산: 해발 5704m, 에콰도르에서 4번째 높음.

266 헤클라(Hekla)산: 아이슬란드의 화산으로, 성층 활화산이다. 아이슬란드 동부에 위치해 있다.

267 행인공(杏仁孔): 용암류(鎔巖流)의 기포 속에서 만들어져 그 속을 메우고 있는 광물. 옥수(玉髓) · 단백석(蛋白石) · 방해석(方解石) · 녹니석(綠泥石) · 포도석(葡萄石) 따위.

기였을 때, 내부에 유동적인 상태로 있던 물질들이 사방에서 구멍 난 지각을 뚫고 밖으로 나와, 도톨도톨한 광석으로 굳어지거나, 층층으로 겹쳐져 넓게 퍼졌다. 원시세계가 우리에게 남겨준 것, 소위 화산이라 불리는 것은, 외떨어진 원추형 산들의 용암이 그렇듯이, 띠 모양으로 흘러내리지 않았다. 휘석, 페로티탄, 장성과 각섬석의 혼합물은 아주 다양한 시기에 생성된 것으로 보아, 현무암이나 조면암에 가까웠을 것이다. 반면 (밋셰를리히[268]의 중요한 연구들과 인공 화염제품의 유사성이 알려준 바에 따르면) 화학물질들은 특정한 혼합 상태 안에서 결정질로 서로 층을 이루었다. 유사하게 구성된 물질들이 아주 다양한 방법으로 지구의 표면에 드러난다는 것을, 단순히 위로 솟거나 일시적인 균열에 의해 앞으로 밀려나오거나 한다는 것을 우리는 늘 알고 있다. 또한 그 물질들이 산의 보다 이른 층들, 좀 더 일찍 산화된 지각을 깨뜨리며 결국 영구적인 하나의 분화구를 가진 원추형의 산들에서 용암류를 뿜어낸다는 사실을 알고 있다. 이렇게 실질적으로 꽤 다양한 현상들이 혼란을 일으키자, 화산지질학은 다시 어둠속으로, 비교 가능한 어마어마한 숫자의 경험이 화산지질학을 점차 해방시키기 시작했던 그 어둠속으로 다시 내려간다.

화산 안에서 타는 것은 무엇인가, 녹은 흙과 금속을 서로 섞어주는 열을 만드는 것은 무엇인가, 하는 의문이 자주 제기되었다. 최근의 화학은 "그것은 땅, 금속, 알칼리 그 자체라고, 그리고 이러한 물질들의 준금속[269]"이라고 대답하였다. "이미 산화되어 단단한 지구 지각이 주변의 산소가 풍

268 아일하르트 밋셰를리히(Eilhard Mitscherlich, 1794-1863): 독일 화학자, 광물학자. 산(酸)과 크리스탈 구조를 발견한 것으로 유명.

269 준(準)금속(Metalloid): 금속과 비금속의 중간 성질을 가진 화학 원소의 계열. 정의 자체가 모호하며, 명확한 정의나 분류 기준은 따로 없으며, 다양한 방법으로 분류가 되고 있다.

부한 대기와 우리 행성 내부의 가연성 비산화 물질을 갈라놓는다. 이런 준금속에 산소가 밀려와 접촉하면 열이 방출된다." 화산 현상을 이렇게 설명했던 재기발랄한 유명한 화학자는 곧 그 설명을 다시 포기했다. 지구 곳곳의 광산이나 동굴에서 행한 실험들에서, 그리고 내가 아라고[270]와 함께 논문에 작성해 놓은 실험들에서, 지구의 열기는, 비록 깊이가 얕은 곳일지라도, 동일한 곳에서의 대기 평균 온도보다 훨씬 높다는 것을 증명한다. 이렇게 주목할 만하고 보편적으로 확증된 사실은 화산 현상들이 우리에게 알려준 것들과 관련이 있다. 지구 몸체를 하나의 용해된 덩어리로 간주할 수 있는 깊이가 계산되었다. 모든 행성과 마찬가지로 이 지하 열의 원초적인 원인은, 형성 과정 그 자체 때문이고, 우주의 안개 형태의 액체로부터 축적된 질량의 분리 때문이고, 복사에 의한 상이한 깊이의 지층냉각 때문이다. 모든 화산 현상들은 우리 행성의 내부와 외부 사이에서 지속적이거나 일시적인 연결의 결과일지도 모른다. 탄성증기는 융합된 산화물질을 지각의 깊은 틈을 통해 위로 밀어 올린다. 따라서 화산이란 간헐적인 흙 분수이다, 용암류로 머물러 있는 금속과 알칼리와 흙의 유동적인 혼합물이 완만하고 고요하게 흐르다가, 어딘가 출구를 발견하면 위로 솟아오른다. 이와 유사하게 (플라톤의 『파이돈』에 따르면) 고대인들은 모든 화산의 불줄기를 플레게톤 강[271]의 유출물이라 생각했다.

이러한 관찰에 또 다른 더 과감한 관찰을 추가해도 될 것이다. 화석 연구를 하면서 알게 된 가장 놀라운 현상에 대한 하나의 원인은, 지구 내부의

---

270 프랑소와 아라고(François Jean Dominique Arago, 1786-1853): 프랑스의 물리학자, 천문학자, 정치가.

271 플레게톤 강: 그리스 신화에 나오는 불로 이루어진 강으로, 이 강을 지나는 동안 불에 의해 영혼이 정화되고 이렇게 정화된 영혼이 스틱스 강을 거쳐 하데스의 궁전으로 들어간다고 한다.

열에, 그러니까 다양한 깊이에서 솟아오른 샘들에 대한 온도 측정으로 그리고 화산 관측으로 알게 된 그 열에 있는 것이 아닐까?

열대 동물의 형체와 나무처럼 큰 양치류, 야자수, 대나무가 추운 북쪽에 묻혀 있다. 원시시대는 어디에서나 기존의 기후 관계와 완전히 다른 유기적인 형체의 분포를 우리에게 제시한다. 그렇게 중요한 문제를 해결하기 위해서는 혜성의 접근, 달라진 황도의 기울기, 증가된 햇빛의 강도와 같이 여러 가지 가정을 고려해야만 한다. 그런 가정 중 어떤 것도 천문학자와 물리학자, 지질학자를 동시에 만족시킬 수는 없었다.

유명한 천문학자는 들판의 비옥함과 흉작을 설명할 때 지구 축이나 태양 원반의 빛을 그 원인으로 들었지만, 나는 이것에 대해서는 여전히 고려하지 않겠다. 하지만 모든 행성이 그 중심 물체와 갖는 관계와는 무관하게, 또 그것의 천문학적 위치와는 무관하게, 모든 행성 안에는 열 발산의 다양한 원인을, 즉 산화 과정과 강우량, 화학적으로 변화된 물체의 용량, 전자기 장력의 증가, 내부와 외부 사이의 열린 채널을 통해서 일어나는 원인들을 알아냈다고 생각한다.

원시세계의 깊숙이 갈라진 지각이 그 갈라진 틈들에서 열을 내뿜는 곳, 그곳에서 아마 수 세기 동안 전체 지역에서 야자와 나무와 같은 양치식물과 열대의 모든 동물이 번성했을 것이다. 내가 이미 출판한 「지구의 양반구에서의 산악 형태의 위치에 따른 지질학적 시도 Geognostischer Versuch über die Lagerung der Gebirgsarten in beiden Hemisphären」라는 제목의 논문에서 이미 시사했던 견해에 따르면, 화산의 온도는 지구 내부의 온도일 것이다. 그리고 이제 무시무시할 정도로 그렇게 황폐화를 야기한 이러한 원인들이 언젠가 또 다시 산화된 지각, 깊게 갈라진 암석 지층 위에 식물이 정말 무성하게 번성하는 그러한 지역을 생기게 할 것이다.

자신들의 오랜 묘지 속에 남아 있는 열대 형태들의 놀라운 분포를 설명하기 위해, 현재 얼음 속에 갇혀있는 긴 털의 코끼리과 동물들이 예전에는 원래 북쪽 기후에 적응했었고, 사자와 스라소니와 같은 종에 속하는 유사한 형태들이 완전히 다른 기후에서 동시에 살 수 있었다는 사실을 받아들인다고는 하여도, 식물로까지 그런 설명 방식을 확장시킬 수는 없을 것이다. 식물생리학이 발전시킨 이유들을 근거로 해서, 북유럽의 추위에 의해 야자, 피상나무, 나무처럼 생긴 외떡잎식물들의 부속기관이 없어졌다는 것을 설명할 수는 없다. 그리고 우리가 여기서 언급한 지구 구조학적 문제에서, 동식물의 형태를 서로 분리하는 것은 어렵다고 생각한다. 동일한 설명 방식이 동식물 양쪽의 형태에 모두 적용되어야 한다.

이 논문을 마무리하면서, 나는 지구의 먼 지역에서 수집해 온 사실들에다 불확실한 가설적 추측을 몇 가지 추가했다. 자연 철학은 단순한 자연에 대한 서술의 욕구를 뛰어넘는다. 그것의 중요성은 개별 사실들의 무생식적 축적에 있는 것이 아니다. 인간의 호기심 많고 활기찬 정신은 때때로 현재에서 과거의 어둠으로 옮겨갈 수 있고, 아직은 명확하게 인식될 수 없는 것을 추측할 수 있으며, 따라서 다양한 형태로 반복되는 지리학(Geognosie)[272]의 오랜 신화를 즐길 수 있을 것이다.

---

272 Geognosie: 지구에 대한 지식이라는 뜻으로, 19세기 초까지 지구의 단단한 지각 구조 및 구조 연구를 위해 사용되었으며 오늘날의 지질학(Geologie)의 개념이다. "지질학"이라는 용어는 18세기부터 사용되었지만, 지구 진화사 연구 분야 같은 상대적으로 한정된 분야를 칭했다. 나중에 용어의 의미가 확장되었고 지구의 구조와 지구 진화사에 대한 과학으로서 지질학이 "지리학(Geognosie)"이라는 용어를 완전히 대체했다.

Alexander von Humboldt und Aimé Bonpland am Fuß des Vulkans Chimborazo

생명력 혹은 로도스 섬의 정령. 이야기

아테네인처럼 시라쿠사 사람들에게도 스토아 포이킬레(Stoa Poikile)[273]가 있다. 아테네 시장 북쪽에 있는 홀들에는 그림이 그려진 수많은 벽화가 있었는데, 특히 폴리그노토스[274]가 그린 '마라톤 전쟁'이 있었다. 화려한 홀들은 신들과 영웅들에 대한 묘사, 그리스와 이탈리아의 예술 작품들로 치장되었다. 대중들이 끝없이 그쪽으로 몰려들었다, 조상의 행위를 즐기려고 그 젊은 용사에게로, 위대한 대가의 붓을 즐기려고 그 예술가에게 몰려들었다. 시라쿠사 인들이 꾸준히 근면하게 모국에서 수집해온 수많은 그림들 중에서, 백년 내내 모든 행인들의 주의를 끌었던 그림은 단 하나였다. 올림피아의 유피테르, [아테네] 도시의 설립자 케크롭스, 하르모디오스와 아리스토게이톤[275]의 영웅적 기백을 숭배하는 사람은 없었지만, 대중은 그

---

273 스토아 포이킬레(Stoa Poikile 또는 Painted Porch): 고대 아테네에서 가장 유명한 유적지 중 하나였으며, 그림과 그곳에 전시된 전쟁 전리품으로 유명.

274 폴리그노토스(Polygnotus, 기원전 475년경-기원전 447년경): 고대 그리스의 화가. 타소스 섬에서 태어나 고대 아테나이의 테세우스 신전 등의 벽화를 그려, 화가로서의 이름을 떨쳐 시민권을 얻었다. 입을 연 사람의 얼굴을 처음으로 그린 사람으로 알려져 있다. 아테나이의〈트로이 함락〉의 대벽화는 유명하며, 조각과 건축에도 큰 영향을 주었다.

275 아테네의 참주제를 무너뜨리는데 공헌한 두 친구들. 참주였던 히파르코스가 하르모디오스를 탐내자 이 둘은 비수를 품고 있다가 아테네 축제에 참석한 2대 참주 히파르코스와 그의 형제 히피아스를 급습, 히파르코스는 그 자리에서 죽고 히피아스는 간신히 목숨을 건지게 된다. 하르모디오스는 그 자리에서 체포되어 처형되고, 아리스토게이돈은 후에 체포된다. 두 사람이 사망한 뒤

그림 주위로 빽빽하게 무리지어 몰려들었다. 이 그림에 대한 이런 애정은 대체 어디서 오는 것일까? 이 그림은 혹시 아펠레스[276]의 손실되지 않은 작품일까 아니면 칼리마코스[277]의 화가 학교에서 나온 것일까? 아니다. 그림에서 우아함과 고상함이 뿜어져 나왔으나, 색의 융합이나 전체적인 개성과 양식은 포이킬레의 다른 많은 것들과 비교할 바가 아니었다.

대중들은 이해하지 못하는 것에 놀라고 감탄했다. 그리고 이런 대중의 계층은 다양했다. 1세기 전부터 이 그림은 설치되었다. 시라쿠사의 그 좁은 성벽 안에는 바다에 둘러싸인 나머지 전체 시칠리아보다 더 많은 예술적 천재들이 있었지만, 그림의 의미는 여전히 풀리지 않는 수수께끼로 남아있다. 전에 그 그림이 어떤 사원 안에 그려졌는지는 아무도 확실히 알지 못했다. 그 그림은 좌초된 배에 의해 구조되었기 때문이다. 이 그림과 같이 온 물건들을 통해 그것은 로도스에서 온 그림이라는 것을 추측할 뿐이었다.

그림 전면에는 소년들과 소녀들이 밀집해 있다. 그들은 옷을 걸치지 않았고, 신체는 잘 발육되었지만 프락시텔레스[278]와 알카메네스[279]의 조각을 보며 경탄하는 그런 날렵한 몸매는 아니다. 애써 노력한 흔적이 보이는 그

참주제는 점차 힘을 잃는다.

276 아펠레스(Apelles of Kos, BC 370-BC 306): 고대 그리스 화가. 알렉산드로스 대왕 (재위 BC 336-323)의 궁전 화가로서 봉직하고, 프톨레마이오스 1세(재위 BC 304-283)의 알렉산드리아에도 체재.

277 칼리마코스(Callimachus): 고대 그리스의 건축가이자 조각가. 그리스 조각의 고전기 시대에 활동.

278 프락시텔레스(고대 그리스어: Πραξιτέλης): 고대 아테나이의 조각가. 조각가 케피소도투스의 아들로, 활약기는 기원전 370년부터 기원전 330년경이라고 추측.

279 알카메네스(고대 그리스어: Ἀλκαμένης): 기원전 5세기 후반에 번성했던 렘노스와 아테나이의 고대 그리스 조각가.

들의 강인한 신체, 갈망과 걱정의 인간적 표현, 이 모든 것은 그들을 천상적인 혹은 신적인 것과 분리하여 땅 위에, 그들의 고향에 묶어두려는 듯이 보였다. 그들의 머리카락은 나뭇잎과 들꽃으로 소박하게 장식되어 있다. 그들은 간청하듯 서로를 향해 팔을 뻗었다. 하지만 그들의 아주 진지하고 우울한 눈은 밝은 미광에 감싸여 그들 한가운데서 떠도는 어떤 정령을 향해 있다. 나비 한 마리가 그 정령의 어깨에 앉아 있고, 오른 손에는 활활 타오르는 횃불을 높이 쳐들고 있다. 정령의 신체는 아이처럼 둥글고, 눈길은 숭고하고 생동감이 넘친다. 정령은 자신의 발치에 있는 소년과 소녀를 명령하듯 내려다본다. 이 그림의 특징이라고 할 만한 것은 이게 전부였다. 몇몇 사람들이 그림 아래쪽에서 철자 ζ와 ς[280]를 알아볼 뿐이었다. 그것을 근거로 사람들은 (당시 공동품상들은 지금 못지않게 대담했기 때문에) 아주 불행하게도 제노도루스라는 예술가의 이름을 훗날의 동명의 거상 제작자와 혼동했다.

수수께끼와 같은 이 그림은 로도스의 정령이라고 불렸는데, 그사이 시라쿠사에서는 이 그림의 해설자들이 넘쳐났다. 미술 전문가들, 특히 가장 젊은 미술 전문가들은 코린토스나 아테네로 벼락치기 여행을 다녀온 뒤에, 새로운 해석을 곧바로 내놓지 못한다면 재능이 있다는 소리를 못 들을 것이라 생각하는 듯했다. 몇몇 사람들은 그 정령을 육체적 즐거움의 향유를 금지하는 정신적 사랑이라고 보는가 하면, 다른 사람들은 정령이 욕구에 대한 이성의 지배를 의미한다고 생각했다. 더 현명한 사람들은 입을 다물고, 더 고귀한 것을 상상했으며, 포이킬레에서 멈춰서 소년소녀 그룹의 단순한 구성을 보는 것을 즐겼다.

---

280 ζ(그리스어: ζήτα 제타): Z로 그리스 문자의 여섯째 글자. ς(그리스어: σίγμα 시그마): 그리스 문자의 18번째 글자. 무성음 S.

그래서 그림 해석은 늘 미해결 상태였다. 그 그림은 그것의 기원에 대해서 어떤 해명도 받지 못한 채, 많은 것이 첨가되고 복사되어 그리스로 보내졌다. 언젠가 플레이아데스 성단이 에게 해로 향하는 항해가 다시 시작되자 일찍 출범한 배들이 로도스 섬을 출발하여 시라쿠사의 항구로 들어왔다. 예술을 애호하는 디오니시오스가[281] 그리스에서 조각상과 제단, 추녀의 홈통, 그림 같은 보물을 모아 와서 이 배에 실었다. 그림들 중에는 곧바로 로도스의 정령의 짝이라고 생각할 만한 것이 있었다. 그 그림은 로도스의 정령과 크기가 같고 분위기는 유사하였고, 단지 색채만 좀 더 잘 보존되었을 뿐이었다. 이 그림에서도 정령은 한가운데 서 있었다. 나비는 없고, 정령은 고개를 숙인 채 꺼진 횃불을 땅을 향해 들고 있었다. 소년들과 소녀들의 무리는 여러 겹으로 포옹을 한 채 마치 그의 위로 넘어질 것 같았다. 그들의 눈길은 더 이상 우울하고 순종적이지 않았다, 속박에서 완전히 벗어난 상태, 오랫동안 품고 있던 갈망이 충족된 상태를 보여준다.

시라쿠사의 고대 연구가들이 이 그림에 걸맞도록 전에 자신들이 로도스의 정령에 대해 했던 해석을 변경하려고 하자, 참주[282]가 에피카르모스의 집으로 그림을 가져가라고 명령을 내렸다. 이 철학가는 피타고라스학파로 시라쿠사의 외곽, 티케라는 곳에서 살고 있었다.

그는 [참주] 디오니시우스의 왕궁을 거의 방문하지 않았다. 모든 그리스 식민지 출신의 훌륭한 사람들이 거기에 모이지 않아서가 아니라, 왕의 측근들이 가장 지적인 사람들의 정신과 자유를 빼앗는다고 생각했기 때

281 디오니시우스 1세(Dionysius I, BC 430 경-BC 367): 혹은 디오니시오스. 시라쿠사의 참주. 고대인들은 그를 잔인하고, 의심이 많고, 보복하는 최악의 폭군으로 여겼다.

282 참주(僭主, 그리스어: τυραννος 튀라노스, 영어: tyrant): 본래의 황통, 왕통과 같은 혈통에 관계없이 실력에 따라 군주의 자리를 찬탈하고, 신분을 뛰어 넘어 군주가 되는 사람을 말한다.

문이다. 그는 사물의 본성과 힘, 동식물의 발생에 대해, 크게는 지구 그리고 작게는 눈송이와 우박 알갱이와 같은 것을 둥글게 만드는 조화로운 법칙에 대해 끊임없이 연구했다. 상당히 나이가 들자 그는 날마다 포이킬레로, 그곳에서 또 항만의 출입구로 달려갔다. 그곳에서 그의 눈은, 그가 말했듯이, 넓은 바다에서 무한과 무궁의 이미지를 찾으려 애썼고, 그의 마음은 그런 이미지를 이해하려 헛되이 노력했다. 그는 하층 계급은 물론 참주한테도 존경을 받았다. 그는 참주는 피했지만, 하층민은 기쁘게 대했고, 자주 도움을 주었다.

디오니시우스의 명령으로 새로운 예술 작품이 [이 철학자] 에피카르므모스에게 보내졌을 때. 그는 이제 쇠약해져 침대에 누워 있었다. 사람들은 로도스의 정령의 충실한 사본을 이송하느라 애를 썼다, 철학자는 두 그림을 자기 앞에 세워두게 했다. 그는 오랫동안 그림에 눈길을 두더니, 제자들을 불러 모으더니 감동적인 목소리로 말하기 시작했다.

"창문의 커튼을 걷어라. 다시 한 번 더 풍요롭게 생동하는 땅을 보고 즐거워하고 싶구나! 60년 동안 나는 자연의 내적 추진 바퀴들, 물질 형태들의 차이에 대해 숙고해왔다. 그리고 오늘에야 비로소 로도스의 정령이 내가 그저 추측만 했던 것을 보다 명확하게 볼 수 있도록 해주었다.

성별의 차이가 생물을 유익하고 풍요롭게 서로 연결해 준다면, 비유기적인 본성 안에서 원재료는 동일한 본능에 의해 움직이게 된다. 우정이나 적대감으로 서로 끌어당기거나 밀쳐내듯이, 이미 어두운 혼돈 속에서 질료들은 서로 모이거나 밀어낸다. 천상의 불은 금속을 따라다니고, 자석은 철을 따라다닌다. 호박의 마찰로 일어난 전기는 가벼운 소재를 움직인다. 토양은 토양과 섞인다. 식용 소금은 바다에서 응축되고, 스티프테리아의 산성 수분은 다모성 소금인 트리키티스처럼 밀로스의 점토를 좋아한다. 생명 없는 자연 속에서 모든 것은 자신과 같은 성분과 결합하기 위해

분주히 움직인다.

따라서 지구의 원소 (누가 감히 빛을 이런 원소로 분류하겠는가?) 중 그 어느 것도 그 어느 곳에서도 단순하고, 순수하고, 순결한 상태로 발견될 수 없다. 모든 것은 발생할 때부터 새로운 복합체를 향해 나가려고 노력한다. 지구의 내부에서 그리고 움직이는 대양이나 대기권 속에서 네가 헛되이 추구하는 것을 아무 연관성 없이 분리해서 서술할 수 있는 것은 인간의 구별하는 예술뿐이다. 진실로, 친화성의 결합이 끊어지지 않는 한, 제3의 물질이 다른 물질과 결합하는 데 침입하지 않는 한, 무기물 안에는 게으른 안정이 자리 잡고 있다. 그러나 이러한 방해 뒤에는 다시 결실 없는 안정이 뒤따른다.

동물과 식물의 육체 안에서 그런 물질의 혼합은 다르다. 여기서 생명력은 오만하게 자신의 권리를 주장한다. 그것은 데모크리토스가 기술한 원자의 우정과 적대감을 고려하지 않는다, 그것은 무생물의 자연 안에서 영원히 달아나는 물질들을 결합하고, 이와 같은 자연에서 끊임없이 서로를 찾으려 하는 것들을 분리한다.

제자들아, 내 곁으로 가까이 오라, 그리고 로도스의 정령 안에서, 그의 젊은 힘의 표현 안에서, 그의 어깨 위에 앉은 나비 안에서, 그의 당당한 눈길 안에서 생명력의 상징을 알아보라, 그 생명력이 유기적인 창조의 모든 싹에 어떻게 생기를 불어넣는지 보라. 그의 발에 있는 지상의 요소들은 자신들의 고유한 욕구를 따르고 서로서로 섞이고자 노력한다. 높이 타오르는 횃불을 치켜든 정령은 명령하듯 그 요소들을 위협하며, 그들의 오랜 권리는 생각도 하지 않은 채, 자신의 법칙을 따르라고 강요한다.

참주가 내게 해석하라고 보낸 새로운 예술 작품을 잘 살펴보라. 그대들의 눈을 삶의 형상에서 돌려 죽음의 형상에게로 향하게 하라. 나비는 저 멀리 날아갈 것이며, 뒤집힌 횃불은 꺼질 것이며, 젊은 정령의 고개는 수

그러질 것이다. 정령은 다른 세계로 달아나 버리고, 생명력은 고갈된다.

이제 젊은이들과 소녀들은 서로에게 기쁘게 손을 건넨다. 이제 지상의 질료들은 자신들의 권리를 맞이한다. 족쇄는 풀리고, 그들은 오랫동안 자제했던 자신들의 즐거운 욕망을 따른다. 죽음의 날은 그들에게는 결혼의 날이 되리라. 그렇게 죽은 질료는 생명력에 가득차서 셀 수 없이 많은 세대를 거쳐 지나간다. 그리고 동일한 질료가 아마 피타고라스의 신적인 정신을 감쌌을 것이다. 이전에 그 안에서 보잘 것 없는 벌레가 현재의 즐거움을 만끽하며 자신의 존재를 기뻐했던 그 정신을.

폴뤼클레스스야 가거라, 그리고 네가 들은 것을 참주에게 말하라! 그리고 너희들, 내 사랑하는 제자들 에우리파모스, 뤼시스, 스코파스야 가까이 더 가까이 다가오너라! 내 안에 있는 약한 생명력 또한 지상의 질료를 더 이상 지배하지 못할 것 같구나. 이 질료가 다시 한 번 자신의 자유를 요구한다. 나를 다시 한 번 더 포이킬레로, 그리고 그곳에서 탁 트인 해안으로 데려가 다오. 너희들은 곧 내 재를 모으게 될 것이다!"

The Funerals of Inca Atahualpa by Luis Montero

잉카의 옛 수도 아타후알파, 카하마르카의 고원지대

안데스 산맥 등마루에서 본 남태평양의 첫 인상

1년 내내 안티 산맥이나 안데스 산맥 등마루, 즉 북위 4도와 남위 4도 사이, 뉴그라나다의 고원지대와 파스토스와 키토, 즉 해발 8천 피트에서 1만2천 피트의 중간 높이에 머물렀다면, 록사의 기나나무[283] 숲의 부드러운 기후를 지나서 점차 상류 아마존 강의 평야—미지의 세계, 멋진 식물 형태가 풍부하게 자라나는 곳—로 내려가는 것은 기쁨이다. 소도시 록사는 열병을 치료하는 껍질 중 가장 효과적인 것에 자신의 이름을 붙여주어서, 그것은 키나(Quina) 또는 카스카리야 피나 데 록사(Cascarilla fina de Loxa)라고 불린다. 그 효과적인 물건은 나무의 귀한 산출물인데, 우리는 식물학적으로는 신코나[284] 콘다미네아라고 부른다. 그러나 이전에는 모든 상업적인 키나는 하나의 동일한 나무에서 나온다고 잘못 가정하여, 신코나 오피시날리스라고 불렀다. 키나 나무껍질은 17세기 중반에서야 유럽에 전해졌다. 세바스찬 바두스(Sebastian Badus)의 주장처럼 1632년 알칼라 데 에나

283 키나나무속(幾那屬) 식물은 기나나무 또는 키나나무(Quinine), 신코나나무(Cinchona) 등으로 불린다. 꼭두서니과의 교목 또는 관목이며, 기나, 금계랍(金鷄蠟)이라고도 불리며, 남아메리카의 콜롬비아에서 볼리비아에 걸쳐 약 25종이 자생한다. 나무껍질을 생약으로 사용하는데, 건위 · 강장제 및 말라리아의 치료약인 퀴닌, 신코닌의 원료가 된다.

284 친코나/ 신코나(cinchona): 1742년에 린네가 키나나무에 붙인 학명. 리마의 스페인 총독 친촌(Chinchón) 백작의 아내가 이 식물로 치료받았다는 것을 근거로 린네가 속명을 명명했다고도 하는데, 이 이야기의 진실성에 대해서는 논란이 있다.

레스(Alcala de Henares)로 들어왔거나, 아니면 1640년, 말라리아에 걸렸다가 리마에서 회복된 친촌(Chinchon) 백작 부인이 주치의 후안 델 베고(Juan del Vego)를 대동하고 마드리드에 도착했을 때 전파됐을 수도 있다. 가장 탁월한 효과를 가진 키나록사는 편무암과 현무암으로 이뤄진 우리투신가와 빌로나코, 루미시타나의 산에서 동남쪽으로 2, 3마일 정도 떨어진 곳인, 5400에서 7200피트 사이의 적당한 고도에서 자란다. 대충 그림젤 호스피탈과 그로센 베른하르트 파스의 높이와 맞먹는다. 그곳에서 여러 키나 숲의 실질적인 경계들은 차모라와 카치야쿠 작은 강이다.

키나나무가 첫 번째로 꽃이 피는 시기는, 즉 4년째 혹은 7년째 되는 해인데, 나무가 힘차게 뿌리를 뻗거나 씨앗을 맺고 난 뒤에 베어진다. 왕립 보고에 따르면, 여행하는 동안 해마다 록사 주변에서는 친초나 콘다미네아(Cinchona Condaminea)[285] 가운데 11,000파운드의 껍질만이 기나 채집가(카스카리예로스 혹은 기나 사냥꾼, 카사도레스 데 키나)를 통해 들어온다는 사실을 듣고 우리는 놀랐다. 당시에는 이 훌륭한 생산물 중 거래되는 것은 아무것도 없었다. 대신 모든 저장품은 궁중에서 사용하려고 남태평양의 파이타를 거쳐 케이프호른을 돌아 카딕스로 보내졌다. 11,000스페인 파운드 정도의 소량의 키나를 위해 해마다 800 내지 900그루의 키나나무가 벌목되었다. 오래되고 굵은 나무는 점점 더 귀해져갔다. 하지만 숲은 아주 풍성해서 더 어린 나무들이 이제 사용되기 시작했는데, 이것들은 지름 6인치에 높이는 종종 50에서 60피트까지 달했다. 무성하게 우거진 숲속에 서 있는 길이 5인치, 넓이 2인치의 잎들로 장식된 멋진 나무는 옆에 있는 나무들보다 더 높이 솟아오르려 애를 쓴다. 더 높은 나뭇잎은 바람에 산들거리며 아주 멀리서도 알아볼 수 있는 특별하고 붉은 광채를 펼친다. 키나나

285 Cinchona condaminea: 기나 껍질(Quinine bark)

무 숲의 평균 온도는 열씨[286] 12$\frac{1}{2}$도 와 15도 사이로, 대략 피렌체와 마데이라 섬의 연평균 기온이다. 하지만 록사 근처에서 기온은 온대지방에서 관찰되는 최고 더위와 추위까지 도달하지 못한다. 매우 상이한 위도의 기후와 열대 고원지대의 기후를 비교하는 것은 두 지역의 자연 특성으로 볼 때 별로 만족스럽지 못하다.

록사 산맥에서 아래로 동남쪽 아마존 강의 뜨거운 계곡에 도달하기 위해서는 출루카나스, 구아마니, 야모카의 황무지를 지나야 한다. 우리는 이미 다른 작품에서 이곳에 황무지가 있을 것이라 생각했었다. 이 황무지들을 안데스 산맥의 더 남쪽 지역들에서는 푸나(케추아 어[287])라고 부른다. 대부분의 황무지는 해발 9500피트 이상으로 솟아 있다. 그곳엔 폭풍이 몰아치고, 종종 짙은 안개에 휩싸여 있거나 엄청난 우박 폭풍이 몰아친다. 이런 날씨 속에서 물은 대부분은 회전 때문에 납작한 알갱이가 되는 다양한 형태의 우박 폭풍이 될 뿐만 아니라, 낱개로 허공을 떠돌며 얼굴과 손에 상처를 내는 얇은 조각(papa-cara)이 되어 날리기도 한다. 이렇게 별똥별이 날리는 것 같은 상황에서 가끔 온도계가 7도 혹은 5도(영상)까지 내려가고, 대기의 전기 장력은 볼트 전기계로 측정 시 몇 분 안에 양에서 음으로 바뀐다. 5도 아래에서, 눈은 커다란 눈송이가 되어 사방으로 흩어져 떨어진다. 몇 시간 후에 이 눈은 사라진다. 잎이 작고 미르테와 같은 종의 관목의

---

286 프랑스 곤충학자이자 작가로서 다양한 분야, 특히 곤충 연구에 기여한 르네 레오뮈르(René-Antoine Ferchault de Réaumur)가 제안한 온도 체계이다. °Ré, °Re, °r 등으로 표기한다. 이 눈금은 팔십 분할로도 알려진 온도 눈금이며 물의 어는점과 끓는점이 각각 영도와 80도로 설정되어 있다.

287 케추아(Quechua)어: 남아메리카 안데스 산맥 지대의 토착민인 케추아족이 사용하는 언어 또는 어군. 잉카 제국이 제국의 공용어로 채택한 이래 오랫동안 중앙 안데스 지방을 중심으로 가장 큰 세력을 갖고 있던 언어이다. 총 사용 인구는 800만~1,000만 명 정도로 남북 아메리카를 통틀어 가장 사용 인구가 많은 원주민 언어이다.

듬성하게 뻗은 가지와 크고 다양한 꽃들, 축축한 대기를 머금은 기관들의 영원한 신선함은, 나무 한 그루 없는 황무지의 식생에 인상학적으로 특이한 개성을 준다. 알프스의 온대나 냉대 식생 중 그 어느 곳도 안데스 산맥의 열대 황무지와 비교할 수 없다.

코르디예라 산맥의 황무지가 불러일으킨 엄숙한 인상은 아주 기이하고 예상치 못한 방식 때문에 증가된다. 250지리학 마일 이상의 길이로 제국의 모든 지역을 연결한, 잉카 도로의 엄청난 잔재가 여전히 남아 있기 때문이다. 그 길을 따라 여기저기에는 거의 일정한 간격을 두고, 잘 다듬어진 돌로 지어진 거주지들이 있다. 이것들은 대상인들의 숙소와 같은 형태로 탐보스(Tambos)나 잉카 필카(Inca-Pilca, 피르카 pircca에서 유래한 말로 "벽"?)라고 불린다. 몇몇 건물은 요새처럼 빙 둘러 서 있고, 어떤 것들은 따뜻한 물을 끌어들인 목욕탕용으로 지어졌고, 가장 큰 건물들은 오직 군주의 가족들을 위한 것이다. 나는 이미 칼로(callo) 근처의 화산 코토파시의 발치에서 그와 같이 잘 보존된 건물들(페드로 데 시에사[288]는 그런 건물들을 16세기에 마포센토스 드 물랄로라고 불렀다)을 주의 깊게 측량하고 그려 놓았었다. 파라모 델 아수아이(Paramo del Assuay: 해발 14,568피트. 라데라 데 카드루드 위쪽에 있는 통행량이 많은 길로, 거의 몽블랑과 같은 높이이다)라고 불리는 알라우시와 록사 사이의 안데스 협곡에서 델 풀랄 고원에서, 우리는 짐을 잔뜩 짊어진 노새들을 진흙길로 끌고 가느라 애를 먹었다. 그러는 동안 옆쪽에 독일식 1마일보다 긴 20피트 가량의 웅장한 잉카 도로의 잔해에 눈길이 계속 갔다. 두터운 기초 위에 흑갈색의 트랩 반암을 잘 쌓아 포장한 길이었다. 이탈리아의 로마 도로와 남프랑스와 스페인에서 본 것은 옛 페루인의 이 작업에

288 페드로 시에사 데 레온(Pedro Cieza de León, 1520-1554): 스페인 정복자이자 페루와 포파얀의 연대기 작가.

비하면 그리 인상 깊지 않았다. 게다가 페루인이 만든 도로는 나의 바로미터 측량에 따르면 12,440피트 높이에 놓인 길이었다. 이 높이는 측량기에 따르면 테네리파의 산 정상보다 1000피트 더 높았다. 아수아이에 있는 일명 잉카 투팍 유팡키[289]의 성 폐허 역시 이 높이에 있는데, 이것은 파레도네스 델 잉카(Paredones del Inca: 잉카의 벽)라는 이름으로 알려져 있다. 이 폐허에서 남쪽 쿠엥카 방향으로 작지만 잘 보존된 카나르 요새를 따라 도로가 이어진다. 아마 투팍 유팡키 시대나 그의 호전적인 아들 후아이나 카팍 시대에 만들어진 듯하다.

우리는 구안캄바에서 멀지 않고 포마후아카 근처 잉가탐보 주변, 파라모 데 출추카나스의 잉카의 목욕탕 근처에 있는 록사와 아마존 강 사이를 지나면서 좀 더 웅장한 옛 페루 도로의 잔해를 보았다. 이 잔해들 중 잉가탐보에 있는 유적들이 약간 높았는데, 포마후아카의 잉카 도로와 파라모 델 아수아이 근처의 잉카 도로 사이에는 높이가 9100피트 이상 차이가 났다. 도로는 천문학적 위도에 따라 일직선으로는 정확히 46지리학 마일이고, 도로의 경사는 코모 호수 위쪽으로 솟아 있는 몽 세니스의 고갯길 높이보다 3500피트 더 높다. 도로들은 두 가지 방식으로 되어 있는데, 평평한 돌을 깔아 돌로 포장하거나, (매커댐 공법의) 시멘트로 접합된 자갈로 덮었다. 이들 중 하나는 해안과 안데스 산맥 사이에 있는 넓고 황량한 벌판을 통과해서 지나가고, 다른 하나는 코르디예라 산맥의 능선을 따라 지나간다. 동일한 거리마다 이정표들이 세워져 있다. 세 종류—돌, 나무 혹은 밧줄—로 된 다리들(푸엔테스 데 하마카 혹은 데 마로마)이 개울과 계곡 위에 설치되었고, 탐포(호텔)와 요새로 물을 공급하기 위한 수도관들이 놓여 있다. 두

289 투팍 잉카 유팡키(Inka Tupac Yupanqui, 1441-1493): 잉카 제국의 열 번째 사파 잉카이자 하난 왕조에서 배출한 다섯 번째 황제.

가지 방식의 도로는 거대한 제국의 중심(위도 남방 13도 31부)이자 수도인 쿠스코를 향해 뻗어 있다. 이 수도의 높이는 펜틀랜드[290]의 볼리비아 지도에 의하면 해발 10,676피트(파리식) 위에 있다. 페루인은 바퀴 달린 마차를 이용하지 않았고, 이 도로들은 군대 행진, 화물 운반인과 가벼운 짐을 진 라마 무리들을 위한 것이었다. 그래서 아주 가파른 산이 여기저기 길게 이어진 계단으로 인해 경사가 완만해졌고, 그 계단 위에서 그들이 휴식을 취하고 있는 모습을 볼 수 있다. 장거리 군대 이동 중 잉카인들의 군사 도로를 대단히 유용하게 이용했던 프란치스코 피사로와 디에고 알마그로는, 많은 계단과 층들이 도로를 가로막은 곳에서는 스페인식으로 말을 타는 것이 아주 어렵다는 것을 알았다. 정복 초기에 스페인군들은, 산악에서 걸음을 내딛을 때 신중하고 조심성 있는 노새들을 사용하지 않고 오직 말만 이용한 탓에 더 큰 곤란을 겪었다. 나중에서야 노새를 타게 되었다.

완벽히 보존된 잉카의 도로들을 본 사르미엔토는 에스코리알 도서관에서 오랫동안 읽히지 않고 묻혀있던 어떤 보고서에서 다음과 같이 질문한다. "어떻게 높은 암벽지대서 철을 사용하지 않는 민족이, 쿠스코에서 키토, 그리고 쿠스코에서 칠리 해안까지 그렇게 훌륭한 작품(caminos tan grandes y tan sovervios)을 완성할 수 있었을까?" 그는 또 이렇게 말한다. "칼 황제[291]가 자신의 모든 권력을 사용해도, 잉카의 잘 구성된 정부가 순종적인 부족들에게 요구했던 것의 일부분도 해내지 못할 것이다." 세 형제 중에 가장 현명했던 에르난도 피사로는 자신의 신하들을 위해 20년 동안 메디나 델 캄포에 갇혀 속죄하며, 100세의 나이로 성스러움의 향기(en olor de Santidad: 명성으로) 속에서 죽었다. 그가 이렇게 말했다. "기독교의

290 펜틀랜드(Joseph Barclay Pentland, 1797-1873): 아일랜드 여행가이자 자연 연구가.

291 칼 황제: 칼 5세(1500 – 1558)로 신성로마제국의 황제.

모든 나라에서 우리가 여기서 이렇게 경탄하는 도로처럼 훌륭한 길들은 절대 볼 수 없다." 잉카의 가장 중요한 두 수도인 쿠스코와 키토는 일직선상(남남동 -북북서)에 놓여있는데, 수없이 구부러진 길을 계산에서 빼면 두 도시는 서로 225지리학 마일 떨어져 있다. 가르실리아소 데 라 베가와 다른 정복자들은 구부러진 길을 포함하여 500레구아[292]로 계산했다. 폴로 데 온데가르도 석사의 정말 효력 있는 증언에 따르면, 이렇게 먼 거리에도 불구하고 우아이나 카팍은 그의 아버지가 키토를 정복했을 때, 키토에 왕실의 건축물(잉카의 거주지들)을 짓기 위해 쿠스코에서 특정 재료를 가져오게 했다. 나는 키토에서 거주자들 사이에 이런 전설이 여전히 퍼져 있는 것을 직접 알아냈다.

자연이 땅을 조성하는 인간에게 극복해야 할 엄청난 방해물들을 제공하는 곳마다, 그 일을 행하는 부족들 사이에서는 그것을 할 용기와 힘도 자라기 마련이다. 잉카 권력자들의 전제적 중앙집권체제 아래에서는 통신, 특히 군대 움직임에 대한 통신의 확실성과 신속성은 국가의 긴급 필요 사항이었다. 따라서 도로 건설과 아주 철저하고 완벽한 우편 기구도 마찬가지 사항이었다. 극도로 다양한 문명 단계에 있는 민족들 사이에서, 민족성은 개별적인 방향으로 움직이는 것을 유난히 좋아하는 경향을 볼 수 있다. 하지만 눈에 두드러질 정도로 그렇게 동떨어진 행동들이 발전하더라도 전체 문명 상태의 환경에 절대 결정적으로 작용하지 않는다. 이집트인, 그리스인, 에트루리아인, 로마인, 중국인, 일본인 그리고 인도인은 우리에게 이런 대조를 보여준다. 페루의 도로를 만들기 위해 얼마나 시간이 걸렸을지는 쉽게 판단할 수 없다. 키토 고원지대의 잉카 왕국 북쪽 지역에 있는 거대한 도로는 30년 혹은 35년 안에 완성되었을 것이다. 키토의 지배자의 승

---

292 레구아: 옛날의 거리의 단위로 약 5572 미터.

리와 잉카 우아이나 카팍의 죽음 사이의 짧은 시기였을 것이다. 반면 남쪽에 있는, 원래 페루의 도로의 시기는 전혀 알 수가 없다.

보통 망코 카팍[293]의 신비한 등장은 프란시스코 피사로가 푸나 섬에 상륙(1532년)하기 400년 전, 즉 12세기 중반, 멕시코 시티(테노치티틀란)[294]가 세워지기 거의 200년 전으로 추정한다. 일부 스페인 작가들은 400년 전이 아니라 500년에서 550년 전으로까지 잡기도 한다. 하지만 페루 제국의 역사는 잉카 왕조의 13명의 제후들만 기록하고 있는데, 이들은 프레스콧[295]이 아주 제대로 파악했듯이, 400 혹은 550년의 긴 시간을 채우기에는 충분한 숫자가 아니다. 케찰코아틀, 보치카와 망코 카팍, 이 세 인물은 신화적 존재로 아즈텍인, 무이스카인(원래의 치브카스인)과 페루인 사이에서 문화의 시작은 이들과 연결되어 있다.

케찰코아틀은 수염을 기르고 검은 옷을 입은 툴라의 대제사장이었고, 나중에는 트락사푸치칼로 근처의 산에서 참회자로 살았다. 그는 파누코 해안에서, 즉 멕시코 고원지대의 아나우악의 동부 해안에서 왔다. 보치카, 또는 더 정확히 말하자면 수염을 기르고 긴 옷을 입은 신의 전령 넴테레케테바(무이스카 족의 부처)는 안데스 산맥 동쪽 초원 스텝에서 보고타의 고원지대에 도착했다. 망코 카팍 이전에, 문명은 이미 그림 같은 티티카카 호수

293 망코 카팍: 잉카 문명을 세운 시조이자 건국자이다. 13세기 초에 쿠스코 지방에 잉카 제국의 기반을 놓았으며, 잉카 신화에도 등장한다. 마마 우쿨루와 결혼하여 자식을 낳았으며, 그중 한 명이었던 신치 로카가 왕위를 이어받았다.

294 테노치티틀란: 아스텍 문명의 수도로, 현재의 멕시코시티가 있는 자리에 있었다. 도시가 정확히 언제 세워졌는지는 알려지지 않았고, 시 당국에서는 1325년 3월 13일을 테노치티틀란이 세워진 날로 잡고 1925년에 600주년 기념식을 거행했다.

295 윌리엄 히클링 프레스콧(William Hickling Prescott, 1796-1859): 미국의 역사가이자 히스패닉주의자로, 역사학자들에게 최초의 미국 과학사가로 널리 알려진 인물.

해안에 퍼져 있었다. 사크사우아만[296] 언덕에 있는 쿠스코의 견고한 성은 티아우아나코[297]에 있는 더 오래된 건축물들을 본떠 지어진 것이다. 아스텍 인들도 톨텍 인들[298]의 피라미드형 건축물을 모방했고, 톨텍 인들은 또 올멕[299] 인을 모방했다. 이렇게 점점 역사를 거슬러 올라가다 보면, 멕시코의 역사적인 땅에서 우리는 서력 6세기에 도달하게 된다. 시구엔사[300]에 따르면, 초룰라[301]에 있는 톨렉의 계단식 피라미드는 테오티우아칸에 있는 올멕의 계단식 피라미드를 반복한 것이다. 이렇게 우리는 모든 문명 단계를 거쳐 점점 더 초기 단계에 다다른다. 그리고 자의식은 신대륙과 구대륙의 민족들 내에서 동시에 각성되지 않은 반면에, 신화의 상상 영역은 모든 민족에게서 항상 역사의식 그 이전에 놓이게 된다.

초기 정복자들은 페루인들의 도로와 수도관을 보고 크게 감탄했지만, 이것들을 보존하지 않았을 뿐 아니라 고의적으로 파괴하기까지 했다. 이런 파괴는 안데스의 등마루나 이 산맥에 의해 나누어진 깊고 갈라진 계곡들에서보다는, 해안가—이것으로 인해 물이 부족하여 토지를 불모화시켰음에도—에서 더욱 빨리 진행되었다. 정복자들이 잘 다듬어진 돌들을 새로운 건축에 사용하기 위해서였다. 사울라카의 성장암 바위들로부터 (파라

296 사쿠사우아만: 잉카 제국의 역사적인 수도인 페루 쿠스코시의 북부 외곽에 있는 성채.

297 티아우아나코(Tiahuanaco 또는 Tiahuanacu): 볼리비아에 있는 콜럼버스 이전의 시대의 고고학적 유적.

298 톨텍(Toltec): 1000-1200년 멕시코 중심 지역을 다스렸던 문명.

299 올멕(Olmek 또는 Hulmek): 기원전 1500년 무렵에서 기원전 400년경까지 메소아메리카 지역에서 번성했던 고대 문명.

300 돈 카를로스 데 시구엔사 이 공고라(Don Carlos de Sigüenza y Góngora:1645-1700): 신세계에서 태어난 최초의 위대한 지식인 중 한 명. 원래 스페인보다 신 스페인을 높이 평가한 애국자. 작가인 그는 식민지 정부와 학계에서 여러 직책을 맡았다.

301 촐룰라(Cholula): 멕시코 남부, Mexico City 동남쪽의 소도시. 고대 아스텍족의 유적이 있다.

모 데 야모카의 발치에 있는) 산 페리페의 화석이 풍부한 계곡으로 가는 긴 하루의 여정 동안, 우리는 아마존 강으로 흘러들어 가는 리오 데 구안카밤바 강을 그 수많은 굽이 때문에 27번이나 걸어서 건너갈 수밖에 없었다. 그러는 동안 이곳, 우리 근처의 가파른 절벽에서, 숙소들과 높은 담이 있고 직선으로 뻗은 잉카 도로의 잔해를 계속 보게 되었다. 120 내지 140피트 정도 넓이의 작은 급류가 너무 빨라서 짐을 잔뜩 실은 우리의 노새를 자주 위험에 빠뜨려, 강의 얕은 곳에서도 휩쓸어갈 정도였다. 노새들은 우리의 원고, 말린 식물들, 우리가 1년 동안 모아온 모든 것을 싣고 있었다. 그래서 18 내지 20마리 노새의 긴 행렬이 위험을 모면할 때까지 우리는 마음을 졸이며 강 저편에서 기다렸다.

하구에 수많은 폭포가 있는 이 리오 데 구안캄바 강은 태평양 연안과 서신교환을 위해 정말 특별한 방식으로 사용되고 있다. 트르히요에서 하엔 데 브라카모로스로 보내는 약간의 편지들을 좀 더 빨리 운송하기 위해 수영 배달원을 이용한다. 이 나라 사람들은 이들을 엘 코레오 케 나다라 불렀다. 우편배달부(보통은 젊은 인디언)는 이틀 동안 포마우아카에서 토메펜다까지 수영한다. 처음에는 리오 데 카마야(리오 데 구안카밤바의 하류는 이렇게 불린다)에서, 그러고 나서는 아마존 강을 헤엄친다. 그는 자신에게 맡겨진 몇몇 편지를 넓은 면 수건에 조심스럽게 감싸서, 수건을 터번처럼 머리에 동여맨다. 폭포 근방에서는 강을 벗어나 가까운 숲을 통해 돌아간다. 장시간의 수영으로 인한 피로를 줄이기 위해, 종종 물밤나무과의 가벼운 나무(케이폭 나무, 발사 나무)로 된 기둥을 한 팔로 껴안는다. 가끔은 친구가 동료로서 동행하기도 한다. 두 사람은 식량은 걱정할 필요가 없다. 아름다운 우에르타스 데 푸카라와 카비코에 여기저기 흩어져 있고, 과일나무가 풍성하게 둘러싼 오두막에서 항상 환대를 받기 때문이다.

이 강에는 다행히 악어가 없다. 악어는 아마존의 상류에서도 마야시의 폭포 아래에서만 볼 수 있다. 이 게으른 동물은 고요한 물을 좋아한다. 내가 측량한 바에 따르면, 리오 데 카마야 강은 (파소) 데 푸카라 강의 얕은 곳에서 시작해서 코로스 마을 아래에 있는 아마존 강으로 합류하는 지점까지, 즉 13지리학 마일의 짧은 거리 안에, 1668피트 이상의 낙차가 있다. 하엔 데 브라카모로스 주지사는 이런 특별한 수상 우편을 이용한 편지는 하나도 젖지 않으며 분실되지도 않는다고 장담했다. 사실 나 역시도 멕시코에서 파리로 돌아온 즉시 위에 언급한 방식으로 토메펜다로부터 온 편지들을 받았다. 아마존 상류의 강가에 사는 많은 원시 원주민 부족들은 함께 하류 쪽으로 수영하며 이런 식으로 여행한다. 나는 (남녀와 아이들) 3, 40명의 시바로스 부족[302] 사람들이 토메펜다에 도착해서 강바닥에 서 있는 모습을 본 적이 있었다. 코레오 케 나다는 파라모 델 파레돈의 험난한 길을 이용하여 육로로 돌아왔다.

아마존 분지의 뜨거운 기후에 가까워지면, 매력적이며 곳에 따라서는 아주 풍요로운 식물과 즐겁게 마주친다. 우리는 데 푸카라의 과수원들의 감귤류 나무—대체로 오렌지(Citrus Aurantium Risso), 그 보다는 숫자상 더 적은 씁쓸한 등자나무(C. vulgaris Risso)—보다 더 아름다운 감귤류 나무를 본 적이 없었다. 심지어 카나리아 제도나 쿠마나와 카라나스의 뜨거운 해안 지역에서도 본 적이 없었다. 수천 개의 황금빛 과일이 달린 그곳의 나무들의 높이는 60피트에 달했다. 나무의 우듬지는 둥그스름하지 않고, 가지가 거의 월계수처럼 위로 뻗었다. 그곳에서 멀지 않은 곳, 카비코 요새 방향에서 우리는 정말 기대하지 않았던 광경에 놀랐다.

우리는 언뜻 보면 잎들이 초록이 아니라 아주 붉은색인 키가 작은, 채

302 시바로스(Xibaros): 에콰도르에 살던 강력한 부족으로 완전 절멸했거나, 안데스의 협곡이나 깊은 골짜기에 여전히 거주하고 있는 것으로 추측.

18피트가 되지 않는 관목 숲을 보았다. 노(老) 쥐시외[303]는 이것을 코메르송[304]의 표본집에 있는 브라질 표본에 따라 부건빌레아의 새로운 종으로 규정했다. 나무들은 거의 진짜 잎이 없는 듯 보였는데, 멀리서 우리가 잎이라고 생각했던 것은 빽빽하게 나온 밝고 붉은빛의 포엽(꽃잎 혹은 겉잎)이었다. 그 풍경은 색깔의 순수함과 신선함의 관점에서 볼 때, 우리의 숲 속에 있는 많은 나무들이 가을에 그렇게 우아하게 보여 주는 모습과는 완전히 달랐다. 남아프리카공화국의 프로테아(Proteaceae)과에서 나온 유일한 종인 로팔라 페루기네아(Rhopala ferruginea)는 여기 파라모 데 야모카(Paramo de Yamoca)의 추운 고지에서 챠마야(Chamaya)의 뜨거운 평원으로 내려왔다. 우리는 여기서 자주 (남가새과의) 섬세한 깃털 같은 포를리에리아 히그로메트라[305]도 발견했다. 이 식물의 잎이 닫히면 날씨가 변할 것을, 특히 비가 곧 올 것을 예고한다. 미모사보다 더 확실하다. 이 식물은 우리를 거의 속이지 않는다.

카마야에서 우리를 토메펜다까지 데려다 줄 뗏목(발사)이 준비되어 있는 것을 알았다. (라 콩다민[306]의 옛 관찰한 덕에 남아메리카의 지리학에서 꽤 중요한) 그곳에서 키토와 친치프 어귀 사이의 경도 차이를 확인할 예정이었다. 우리는 평소처럼 리오 데 카마야가 아마존과 합류하는 곳, 모래 강가 (과얀

---

303 앙투안 로랑 드 쥐시외(Antoine-Laurent de Jussieu, 1748-1836): 프랑스의 식물학자로 속씨식물의 자연적 분류를 최초로 발표한 것으로 유명하다. 그의 시스템의 대부분은 오늘날에도 여전히 사용되고 있다. 그의 아들 아드리앙(1797-1853)도 식물학자이다.

304 필리베르 코메르송(1727-1773): 프랑스 식물학자.

305 포를리에리아 히그로메트라(Porlieria hygrometra): 높이가 약 2 미터까지 자라는 상록 관목으로 볼리비아, 페루 및 칠레에 서식한다.

306 샤를 마리 드 라 콩다민(Charles Marie de La Condamine, 1701-1774): 프랑스의 탐험가, 지리학자, 수학자. 그는 적도의 위도 길이를 측정하고 천체 측지학적 관측을 바탕으로 아마존 지역의 첫 번째 지도를 작성하며 현재 에콰도르인 영토에서 10년을 보냈다.

치 해변) 야외에서 잠을 잤다.

다음날 우리는 여러 폭포와 렌테마 강의 협곡(퐁고: 께추아 언어로는 풍쿠, 문 혹은 큰 문을 뜻한다)까지 배를 타고 내려갔다. 그곳은 굵은 알갱이가 있는 모래바위(역암)가 탑처럼 솟아, 강을 가로질러 바위 댐을 형성한다. 나는 평평한 모래 강가에서 기준선을 측량했다. 동쪽으로 넓게 힘차게 흐르는 아마존이 토메펜다에서는 폭이 1300피트에 불과하다는 것을 알았다. 산티아고와 산 보르하 사이에 퐁고 드 만세리체라고 불리는 유명한 강 협곡—산 협곡이어서, 어떤 지점들에서는 돌출된 바위들과 나뭇잎으로 덮인 탓에 빛이 희미하게 들어오고, 강물에 떠내려 온 수많은 나무줄기들이 부딪히며 부서져 사라진다—이 있는데, 그 폭이 150피트 정도밖에 되지 않는다. 강 협곡을 형성하는 바위들은 수백 년의 세월 동안 많이 변형되었다. 앞서 언급한 퐁고 데 렌테마는 내가 여행하기 1년 전 홍수로 인해 부분적으로 파괴되었다. 18세기 초에는 당시 아주 높은 바위덩어리들이 협곡 전체에서 붕괴되었다. 아마존 주민들은 이때의 붕괴를 생생히 기억하는 전통을 아주 잘 보존하고 있다. 그때의 붕괴와 그로 인한 막힘으로 물줄기가 갑자기 저지되었고, 퐁고 데 렌테마의 하류에 있는 마을 푸야야의 주민들은 넓은 강바닥에 물이 바싹 마른 것을 보고 놀랐다. 하지만 몇 시간 지나지 않아 다시 물줄기가 뚫렸다. 이런 놀라운 현상의 원인이 지진이었다고 생각하지는 않는다. 전체적으로 보면, 강력한 물길은 강바닥을 개선하기 위해 끊임없이 작용했다. 그리고 강이 그 폭에도 불구하고 이따금 20 내지 30시간 동안 정상보다 25피트 이상 불어나 있는 것으로 보아, 강이 행사하는 힘을 추측할 수 있다.

우리는 마라뇬 강 상류나 아마존의 뜨거운 계곡에서 17일간 머물렀다. 이곳에서 태평양 해안까지 가기 위해 안데스 산맥을 올라갔다. 수차례의 자기(磁氣) 경사 관찰에 따르면 미쿠이팜파와 카하마르카 사이로(위도 남위

6도 57부, 경도 80도 56부) 적도와 교차되는 곳이었다. 더 높이 올라가면 유명한 은광인 초타가 나온다. 그리고 그곳에서부터 (지금부터 316년 전 스페인 정복자의 끔찍한 드라마가 자행되었던) 고대 카하마르카를 거쳐 아로마와 강가 마르카를 지나, 약간 휴식을 취한 뒤 우리는 페루의 저지대로 내려가기 시작한다. 안데스 산맥과 멕시코 산맥의 거의 모든 곳에서처럼, 이곳에서 가장 높은 지점들은 탑 모양인 반암과 조면암의 노두로 인해 그림 같은 광경을 보여 주며, 무엇보다 반암의 노두들은 거대한 기둥들로 나뉘어져 있다. 이런 덩어리들이 어떤 곳에서는 산등성이에 절벽 모양을, 어떤 곳에서는 돔 형태를 만들어주기도 한다. 그것들은 이곳의 석회암층, 즉 남아메리카의 적도 양쪽에 광범위하게 뻗어 있다. 레오폴트 폰 부흐의 위대한 연구에 따르면 백악기층에 속하는 곳을 뚫고 나온 것이다. 구암보스와 몬탄 사이, 해발 2000피트에서 우리는 해양의 조개 화석(지름 14인치의 암모나이트, 거대한 펙텐 아타투스, 굴 껍질, 성게, 이소카르디아와 엑소기라 폴리고나의 암모나이트들)을 발견했다. 브롱니아르[307]가 페르트 뒤 론[308] 근처의 옛 백악층에서 발견했던 것과 구분되지 않는다고 레오폴트 폰 부흐가 말했던 시다리스[309]의 한 종을 우리는 아마존 강의 분지 안의 토메펜다 근처와 미쿠이팜파에에서 발견했다. 이 두 곳의 고도 차이는 9900피트 이상이다. 마찬가지로 코카서스 다게스탄의 아무치 산맥에서는 해발 500피트가 채 안 되는 술락 강둑에서부터 9,000피트에 이르는 추눔에 이르기까지 백악층이 솟아 있다. 반면 샤다 산의 13,090피트 높이의 봉우리에서는 황금색 오스트레아 딜루비아

307 페르트 뒤 론(Perte du Rhône): 프랑스의 Bellegarde-sur-Valserine 상류에 있는 60m 깊이의 지질 단층으로, 건기 동안 론 강이 사라지는 곳.

308 알렉상드르 브롱니아르(1770-1847): 프랑스 박물학자이자 지질학자. 1829년 영국의 코츠월드에 있는 석회암과 이암층을 연구하여 쥐라기라는 이름을 붙였다.

309 시다리스(Cidaris): 연필성게 속.

나[310]와 술락 강둑에서와 같은 백악층이 또 다시 발견된다. 따라서 아비치[311]의 탁월한 코카서스 연구들은 알프스에 퍼져있는 백악층에 관한 레오폴트 폰 부흐의 훌륭한 지리학적 견해를 확실하게 입증해 준다.

우리는 라마 떼로 둘러싸인 외딴 소작농 농장에서 출발하여, 코딜라 산맥의 동쪽 경사면에서 남쪽 방향으로 더 올라간 다음 고지대에 도착했다. 밤이 막 다가오는 그곳에서 초다의 유명한 광산 중 중심지인 은광 구알가요크가 황홀한 풍경을 우리에게 보여 주었다. 크레바스처럼 깊고 갈라진 계곡(케브라다)에 의해 석회암 산인 코르모라체와 분리된 구알가요크 언덕은 고립된 각암 절벽이다. 그 언덕에는 종종 수많은 은광들이 한군데 몰려 있고, 북쪽과 서쪽에는 거의 수직의 깊은 낭떠러지가 있다. 가장 높은 광산들은 터널[312] 바닥인 소카본 데 에스피나치 위로 1445피트 지점에 있다. 산의 윤곽은 탑이나 피라미드 모양의 수많은 뾰족한 봉우리로 끊겨져 있다. 그래서 산의 정상은 라스 푼타스[313]라는 이름을 갖게 되었다. 광부들은 일반적으로 광물이 가장 풍부한 지역을 "부드러운 외형"이라고 부르곤 하는데, 광물이 쌓여있는 이 지역은 이런 명칭과 극도의 대조를 보인다. 우리와 함께 간 부유한 광산주인은 "우리 산은 마법의 성(como si fuese un Castillo encantado)처럼 저기 있어요."라고 말했다. 구알가요크는 백운암의 둥근 바위와 어느 정도 유사하다. 하지만 나도 가본 적이 있고, 나중에 나의 형이 아주 우아하게 묘사했던, 카탈루냐의 몬세라테 산의 갈라진 산등성이와 더 비슷하다. 은광이 있는 구알가요크 산은 제일 높은 곳까지 수백 개의 갱

310 오스트레아 딜루비아나(Ostrea diluviana): 굴의 화석 종.

311 하인리히 칼 빌헬름 아비히(Heinrich Carl Wilhelm Abich, 1772-1844): 독일 광산 공무원.

312 터널: (지질학) 바위의 긴 공동.

313 라스 푼타스(Las Puntas): '뾰족한 끝들'이라는 뜻.

도로 사방에 구멍이 뚫려 있을 뿐만 아니라, 자갈과 같은 암석덩이들이 자연적인 개구부를 만들어준다. 이곳을 통해 산꼭대기의 짙푸른 하늘을 산기슭에 서 있는 관찰자도 볼 수 있다. 이곳 사람들은 이 개구부를 창문 즉 '구알가요크의 창문'(las ventanillas de Gualgayoc)이라 불렀고, 피친차 화산의 조면암으로 된 벽들에서도 '피친차의 창문'(ventanillas de Pichincha)이라는 유사한 이름으로 불리는 비슷한 창을 보여 주었다.

갱도에 있는 무수한 작은 집들과 거주지로 인해 그런 풍경의 독특함이 더욱 커진다. 이 집들은 요새 같은 산의 경사지에 조금이라도 평평한 곳이 있으면 어디든 둥지처럼 매달려 있다. 광부들은 광물들을 바구니에 담아 가파르고 위험한 오솔길을 걸어 용광로가 있는 곳으로 내려간다.

1771년부터 1802년까지, 약 30년 동안 채굴된 금의 가치는 3200만 피아스터[314]를 훨씬 넘는 것으로 추정된다. 석영암은 단단하지만 (옛 수평, 수직 갱도가 증명하듯) 페루인은 스페인인들이 도착하기 전부터 세로 데 라 린과 추피키야쿠에서 은이 함유된 풍부한 방연석(方鉛石)[315]을, 그리고 (브라질의 이타콜루미트에서처럼 천연유황이 석영암에서 발견되는) 쿠리마요에서는 금을 채굴했다.

우리는 광산 근처에 숙소를 마련했다. 그곳은 해발 11,140피트 높이에 있고, 적도와 불과 6도 43부 떨어졌지만 1년 중 대부분 동안 집 안에서도 물이 저절로 얼어버렸다. 식물이 없는 이 황량한 곳에는 3천 내지 4천명이 거주하는데, 모든 식량은 따뜻한 계곡들에서 가져온다. 이들은 그곳에서 배추 종류와 탁월한 샐러드를 직접 재배한다. 모든 페루 광산 도시에

314 피아스터(piaster): 에스파냐 · 멕시코 등의 옛 화폐.

315 방연석: 황화납으로 이루어진 황화 광물. 등축 정계에 속하며, 연한 회색의 금속 광택이 있다. 납의 중요한 원료이며, 황화은이 들어 있어 은의 원료가 되기도 한다.

서처럼 이 고지대의 황무지에서도 좀 더 부유하지만 교양은 없는 계층은 아주 위험한 카드놀이와 주사위 놀이로 지루함을 달랜다. 쉽게 얻은 부는 더욱 쉽게 잃는다. 이곳의 모든 것은 피사로 군대 병사 중 한 명을 생각나게 한다. 그는 쿠스코에서 사원을 약탈한 뒤 하룻밤 사이에 "태양의 큰 조각"(금접시)을 놀이에서 잃었다고 불평했다. 미쿠이팜파에서 온도는 아침 8시 정각에는 겨우 열씨 1도였지만, 정오에는 7도를 가리켰다. 가느다란 이쿠(Ichhu) 풀 (아마 우리의 Stipa eriostachya) 사이에서 우리는 이런 고도에서는 기대할 수 없는 아름다운 칼세올라리아속(C. sibthorpioides)을 발견했다.

광산 도시 미쿠이팜파 근처, 야노스 혹은 팜파 데 나바르라고 불리는 고원에서는 1/4평방 마일 이상 넓게, 마치 알펜그라스의 뿌리처럼 풀 바로 아래 3에서 4라흐터[316] 정도 깊이에서 풍부한 홍은광과 철사 같은 순은(레몰리노스, 클라보스, 베타스 만테아다스라고 불린다)이 대량으로 채굴된다. 푸르가토리오 서쪽, 케브라다 데 치케라 근처의 다른 고원은 초로팜파(Choropampa) 즉 조개 밭이라 불린다.(케추아족 언어로 추루는 조개, 특히 작은 식용 조개인 굴, 홍합을 말한다.) 초로팜파는 백악기의 화석으로, 그곳에서 옛날부터 원주민들의 관심을 끌 정도로 많은 화석들이 발견된다. 그곳에서는 또한 지표면 근처에서 은실로 풍부하게 감싸인 보물인 순금이 채굴된다. 이러한 종류의 매장층은 균열과 수로를 통해 지구 내부에서 분출하는 많은 광석이 주변 돌의 성질과는 상관없으며, 또 침투된 형성물의 상대적인 시기와도 상관없다는 것을 보여준다. 쎄로 데 구알가요크와 푸엔테스티아나에 있는 암석은 물을 많이 포함하고 있지만, 푸르가토리오의 암석

316 라흐터(Lachter): 독일 광산에서 사용되는 단위. 양팔을 펴서 재는 길이(약 1.8m). 우리식으로 하면 발.

은 완전히 건조하다. 푸르가토리오가 해발 위의 높이에도 불구하고 광산의 온도가 열씨 15.8도라는 것을 알고 놀랐다. 반면에 미나 데 구아달루페 근처에서 광산의 물은 열씨 약 9도였다. 야외에서도 온도계는 4½도까지만 상승했기 때문에, 벌거벗고 중노동을 하는 광산 노동자들은 푸르가토리오의 지하의 열기는 숨이 막힐 지경이라고 했다.

미쿠이팜파부터 고대 잉카 도시 카하마르카(Caxamarca)까지 좁은 길은 노새 같은 동물에게도 힘겹다. 잉카 도시의 원래 이름은 카사마르카(Cassamarca 혹은 Kazamarca)[317] 즉 "서리의 도시"라는 뜻이다. 마을이라는 의미의 마르카는 북쪽 방언 즉 친차이수요(Chinchaysuyo)나 친카수유(Chinchasuyu)의 언어이고, 그 단어는 일반적으로 께추아 어로 "집의 층들", 또는 "보호인"이나 "보증인"을 뜻한다. 그 길은 5시간 내지 6시간 동안 황무지들로 이어졌고, 그곳에서 우리는 거의 쉴 새 없이 휘몰아치는 폭풍과 안데스 산등성이에서만 내리는 뾰족하게 각진 우박의 분노에 노출되었다. 길의 고도는 대부분 9,000피트에서 10,000피트 사이였다. 그 길에서 나는 그냥 일반적인 관심이 일어 자기 관측을 하였다. 나침반 바늘의 북쪽 기울기가 남쪽 기울기로 넘어가는 지점을, 다시 말해 여행자에 의해 자기 적도가 교차되는 지점을 결정하기 위해서였다.

드디어 황야의 마지막 장소, 파라모 데 야나구앙가에 도착했을 때는 정말 기뻐하며 카하마르카의 비옥한 계곡을 내려다보았다. 매력적인 경치였다. 작은 강이 구불구불 지나가면서 6내지 7평방 마일의 타원형 평야의 고원을 형성하고 있기 때문이다. 이 고원은 보고타의 고원과 유사하며, 어쩌

317 카하마르카(Cassamarca 혹은 Kazamarca): 카하마르카라는 이름은 케추아어 "카샤마르카(Kashamarka)"를 스페인식으로 옮긴 이름. 페루 카하마르카 주의 주도로, 잉카 제국의 황제 아타우알파가 프란시스코 피사로에게 붙잡힌 곳이기도 하다.

면 고대 호수 바닥이었을지도 모른다. 이곳에는 기적을 행하는 보치카[318]나, 암석들 사이로 테쿠엔다마에 물길을 연, 이라카 계곡의 대제사장인 이다칸사스의 신화가 필요할 뿐이다. 카하마르카는 산타 페 데 보고타보다도 600피트 높은 곳에 있어 키토 시의 고도와 거의 같다. 하지만 산들로 에워싸여서 기후는 훨씬 더 온화하고 쾌적하다. 토양은 상당히 비옥하다. 들판과 과수원이 가득했고, 버드나무, 붉거나 희거나 노란색의 커다란 꽃이 핀 독말풀의 변종들, 미모사와 아름다운 키누아르 나무(우리의 폴리레피스 비올사, 알케밀라속과 오이풀속과 가까운 장미과 식물)가 늘어선 길이 나 있었다. 팜파 데 카하마르카에서 밀은 평균 15 내지 20개의 낟알이 달린다. 하지만 가끔 밤의 추위가 풍성한 수확에 대한 기대를 어그러지게도 한다. 이 추위는 산의 옅고 건조한 공기층에서 맑은 하늘을 향해 뿜어대는 따뜻한 복사열이 만들어내는 것인데, 지붕이 있는 집에서는 느껴지지 않는다. (고대에 아직 물이 마르기 전 한때 호수의 섬이었을) 작은 반암 봉우리들이 평원의 북쪽 부분에 솟아, 멀리 펼쳐진 사암 광석 층을 뚫고 나와 있다. 우리는 이런 반암 봉우리들 중 하나인 쎄로 데 산타 폴로니아(Cerro de Santa Polonia) 정상에 서서 아름다운 전망을 즐겼다. 아타우알파의 옛 수도는 이쪽 방향에서 보면 풍요로운 과수원과 초원처럼 관개시설이 되어 있고 자주개자리가 자란 평야(Medicago sativa, campos de alfalfa)로 둘러 싸여있다. 멀리 풀타마르카의 따뜻한 온천들에서 연기 기둥이 피어오르며 올라가는 것이 보였다. 이곳은 오늘날에도 바뇨스 델 잉카(baños del Inca: 잉카의 목욕물)라고 불린다. 이 유황천의 온도를 재보았더니 열씨 55.2도였다. 아타우알파는

318 보치카(Nochica, Nemquetaha, Nemqueteba, Sadigua라고도 함): 현재 콜롬비아 중부 안데스 고지대에 스페인 정복자들이 도착했을 때 알티플라노 쿤디보야센스에 거주했던 무이스카족의 종교인. 그는 전설에 따르면 사람들에게 도덕과 법을 가져다주고 농업과 다른 공예품을 가르친 그들 문명의 창립 영웅이었다.

일 년 중 일부를 온천에서 보냈는데, 이곳에는 그의 궁전의 빈약한 잔해들이 침략자들의 파괴에서 살아 남았다. 크고 깊은 인공 저수조(el tragadero: 흡입구)는 고루 둥글게 다듬어진 형태로 인해, 갈라진 사암 틈으로 솟아나는 샘물 중 하나 위에 인공적으로 만들어진 것처럼 보였다. 전설에 따르면 이 저수조에는 황금 가마가 가라앉아 있다고 했다, 사람들은 그것을 헛되이 찾고는 했다.

아타우알파의 요새와 궁전의 보잘 것 없는 잔해들만이, 지금은 아름다운 교회들로 돋보이는 도시에 남아 있을 뿐이다. 황금에 대한 갈증이 추동시킨 분노가 파괴 작업을 가속화했다. 그 분노는 이미 16세기 말 이전에도 깊이 감추어진 보물을 파내기 위해 성벽들을 무너뜨렸고, 모든 거주지의 기초를 무모하게 훼손시켰다. 반암 언덕에 잉카의 궁전이 있었다. 원래 이 반암 언덕의 표면(즉 광산층의 지표면)을 다듬고 파내서, 궁전 본관을 언덕이 성벽처럼 에워싸고 있었다. 도시의 감옥과 관청(la Casa del Cabildo: 시의회 건물)이 잔해의 일부분 위에 지어졌다. 이 잔해들은 높이가 13에서 15피트에 불과하지만 여전히 가장 커다란 것으로, 성 프란치스코 수도원 건너편에 있다. 카시케[319]의 주택에서 볼 수 있는 것처럼, 2내지 3피트 길이로 멋지게 다듬은 사각형 돌을 시멘트 없이 쌓았는데, 잉카 피르카나 키토 시의 고원지대에 있는 단단한 카냐르 요새와 완전히 똑같았다.

반암 바위에는 수직 갱도가 파여 있는데, 이것은 한때 하나의 횡갱(橫坑)과 이어져 지하의 방들과 연결되었다. 전해지는 말에 따르면 이 횡갱은 앞에서 언급한 반암 봉우리들 중의 하나인 산타 폴로니아 봉우리까지 이어진다고 한다. 이런 장치들은 전쟁 상황에서 도주의 안전한 수단을 위한 것으로 설명할 수 있다. 귀중품을 묻는 것은 옛 페루인에게는 아주 널리 퍼

319 카시케(cacique): 원주민의 족장, 추장.

져 있던 풍습이기도 했다. 카하마르카의 많은 개인 주택들 아래에서는 여전히 지하 방들이 발견된다.

사람들이 우리에게 바위에 판 계단과 일명 잉카의 족탕(el lavadero de los piés: 발 씻는 곳)을 보여 주었다. 번거로운 궁중 의식과 함께 군주의 발 씻기가 행해졌다. 몇몇 주변 건물들은 전통에 따라 잉카의 수행원들에게 할당된 것인데, 역시 사각형 돌로 쌓여 있고 박공도 있었다. 반면에 나머지 건물들은 잘 다듬어진 벽돌에 규산 시멘트를 번갈아 쌓아 만들었다(muros y obra de tapia: 담벼락 공사). 후자 안에는 아치 형태의 벽감들이 있었는데, 나는 그것들이 매우 오래되었다는 사실을, 물론 부당하게, 오랫동안 의심하였다.

사람들이 본관에 있는 방 하나를 보여 주었다. 불행한 아타우알파가 1532년 11월부터 9개월 동안이나 갇혀 있던 곳이다. 또 만약에 아타우알파가 석방되려면, 방의 어느 높이까지 금으로 채워야하는지를 표시했던 벽도 여행객들에게 보여 주었다. 바르시아[320]가 전해준 페루 정복(La Conquista del Peru) 때의 헤레스[321]나 에르난도 피사로의 편지들 그리고 당대의 다른 저자들 모두는 이 높이에 대해서 전혀 다르게 설명한다. 고문 받은 군주는 이렇게 말했다고 한다. "금 막대기와 금 접시, 금 그릇을 손이 닿는 높이까지 쌓아야 한다." 헤레스는 방의 길이가 22피트이고 폭은 17피트라고 주장했다. 쿠스코, 우아일라스, 우아마추코와 파챠타마크의 태양의 신전에서 운명의 날인 1533년 8월 29일(잉카 멸망의 날)까지 가져온 보물에 대해, 1560년 20세 때 페루를 떠났던 가르실라소 데 라

---

320 안드데스 곤잘레스 데 바르시아(Andrés González de Barcia, 1673 – 1723): 스페인 역사가.

321 프란시크코 데 헤레스(Francisco de Xerez, 1504-1547): 스페인 르네상스 연대기 작가.

베가[322]는 금화 3,838,000 두카도[323]의 가치였다고 추정했다.

앞에서 언급한 잉카 궁전의 폐허 위에 세워진 도시 감옥의 예배당에서는 "지워지지 않는 핏자국"이 있는 돌을 볼 수 있다. 이것은 믿음이 약한 신도들을 공포에 휩싸이게 한다. 아주 얇은 판이고 길이가 12피트인 그 돌은 제단 앞에 놓여있는데, 사암이나 조면암으로 만들어진 것 같다. 이 돌을 쪼개어 정확히 조사하는 것은 허용되지 않을 것이다. 핏자국이라 불리는 서너 개의 얼룩은 기반 암석들 사이에 각섬석이나 휘석이 응축된 것으로 보인다. 신학 학위를 가진 페르난도 몬테시노스[324]는 카하마르카를 빼앗은 지 약 100년 후에야 페루를 방문했지만, 아타우알파는 감옥에서 참수되었으며 처형당한 돌 위에 여전히 혈흔이 남아 있다는 이야기를 퍼뜨렸다. 기만당한 잉카 왕이 산 채로 화형당하지 않기 위해, 비열하며 광신적인 자신의 박해자(도미니카 수도사 베센테 데 발베르데)에게 후안 데 아타우알파라는 이름으로 기꺼이 세례를 받았다는 사실은 논쟁의 여지가 없고 많은 목격자가 증언했다.

그는 야외에서 공개적으로 교살되어 생을 마감했다. 다른 전설은 교살이 행해진 돌 위에 예배당이 세워졌고, 아탈우알파의 몸이 그 돌 아래 묻혔다고 주장한다. 그렇다면 혈흔이라고 추정되는 얼룩은 당연히 설명되지 않는다. 시신은 절대 돌 아래 묻히지 않았다. 피사로의 형제들이 상복을 입

---

322 잉카 가르실라소 데라베가(Inca Garcilaso de la Vega, 1539-1616): 스페인 제국 당시의 페루 부왕령 출신의 연대기 작가.

323 두카도: 베네치아 공화국에서 처음 만들어져 1284년부터 제1차 세계 대전 이전까지 유럽 각국에서 통용된 금화 또는 은화 단위.

324 페르난도 데 몬테시노스(Fernando de Montesinos, 1593-1655): 스페인 수도사(예수회), 법학자, 남미의 역사를 기록자, 지리학자이며 선교자. 페루, 볼리비아와 에쿠아도르에서 중심 지역의 원주민과 잉카의 역사 연구.

고 참석한 추도 미사와 성대한 장례식 후에, 시신은 처음에는 산 프라우시스코 수도원의 교회 무덤에, 나중에는 키토 즉 아타우알파가 출생한 도시로 이장되었다. 이장(移葬)은 죽어가는 잉카 왕의 바람에 따른 것이었다. 그의 개인적 원수인 교활한 루미냐비(사마귀로 인해 눈 한 쪽이 일그러졌기에 '돌눈'이라고 불렸다. 케추아 어로 루미는 돌, 냐비는 눈을 의미한다.)는 위선과 정치적 계략에서 키토에서 화려한 장례식을 행했다.

카하마르카에는 사라진 고대 왕국의 슬픈 건축의 폐허 위에 왕국의 후손들이 살고 있다. 이들은 원주민 카시케의 가문, 즉 케추아의 어로는 쿠라카라고 불리는 아스토르필코 가문이다. 이 가문은 심한 궁핍에 시달리지만 만족하며 아무런 불평 없이, 힘들고 가치 없는 운명을 견디며 산다. 모계를 통해 내려온 그들의 알타우알파 혈통은 카하마르카에서는 절대 부인되지 않지만, 수염의 흔적은 스페인 피가 어느 정도 섞였다는 것을 보여준다. 위대하지만 태양의 아들치고는 다소 자유로운 생각을 갖고 있던 우아이나 카파의 두 아들인 우아스카르와 아타우알파는 스페인이 침공하기 전부터 잉카를 다스렸는데, 이들은 정통 남자 후계자를 남기지 못했다. 우아스카르는 키파이판 평원에서 아타우알파의 포로가 되었고, 아타우알파의 은밀한 명령에 따라 곧 살해되었다. 아타우알파에게는 두 명의 다른 형제가 있었다. 한 명은 별로 중요하지 않은 어린 토파르카인데, 피사로가(1533년 가을) 그를 잉카 왕으로 즉위시켰다. 훨씬 더 수완이 있던 망코 카팍도 왕위에 오르기는 했지만 다시 반역을 일으켰다. 이 두 사람한테도 남자 후계자는 없었다. 아타우알파는 아들 한 명과 딸 한 명을 남겼다. 아들은 크리스트 돈 프란시스코라는 이름을 받았고 아주 일찍 사망했다. 딸은 도냐 안젤리나로, 프란시스코 피사로는 그녀에게서 거친 전쟁의 삶 속에서 자신이 매우 사랑했던 아들, 참수당한 지배자의 손자를 낳았다. 내가 카하마르카에서 교류했던 아스토르필코 가문 외에 당시 카르구아라이코스

가문과 티투 부스카마이타 가문이 잉카 왕조의 친척이라고 했다. 부스카마이타 족은 현재는 절멸되었다.

카시케(족장) 아스토르필코의 아들, 17세의 친절한 젊은이는 자기 고향으로, 다시 말해 옛 성의 폐허로 나를 안내했다. 그는 가난에 찌들어있었지만, 그의 상상력은 파편더미로 덮여있고 우리가 밟고 다니는 지하의 웅장함과 황금 보물에 대한 이미지로 가득했다. 그는 예전에 조상 한 명이 아내의 눈을 천으로 감은 뒤, 바위를 깎아 만든 많은 좁은 길을 통해 잉카 왕국의 지하 정원으로 데려갔었다고 얘기했다. 그곳에서 예술적으로 만들어진 순금 나무를 보았는데, 나무에는 잎과 과일이 달려 있었고, 나뭇가지들에는 새들이 앉아 있었다. 그리고 그렇게나 찾았던 아타우알파의 황금 가마(una de las andas)가 있었다. 남편이 아내에게 오래전 잉카 왕국이 재건될 것이라고 예언한 시기가 아직 도달하지 않았으니 이 마법의 작품들 중 어떤 것도 건드리지 말라고 했다. 그 시기보다 앞서 그것들을 탈취하는 자는 그날 밤 죽게 될 것이라 했다. 젊은이의 그런 황금에 대한 꿈과 상상은 그런 예전의 기억과 전설에 기인한 것이다. 인공으로 만든 황금 정원(jardines ó Huertas de oro)의 화려함에 대해서는 많은 증인들이, 예를 들어 시에사 데 레온[325]과 사르미엔토, 가르실라소 그리고 다른 초기 정복시대 역사가들이 수차례 묘사했다. 그 보물들은 쿠스코[326]의 태양의 신전 아래에서, 왕족이 좋아하는 장소였던 쾌적한 유카이 계곡의 카하마르카의 태양 신전 아래서 발견되었다. 황금 과수원이 땅속에 있지 않은 곳에서는 인

325 페드로 데 시에사 데 레온(Pedro de Cieza de León, 1520경-1554): 스페인 정복자, 페루역사학자.

326 쿠스코(스페인어: Cusco): 페루 남동부 쿠스코주에 있는 도시. 쿠스코는 케추아어로 부엉이 바위(rock of the owl)라는 뜻.

공 모조 식물들 옆에 살아 있는 식물들이 서 있었다. 모조 식물들 중에는 항상 키가 큰 옥수수 포기와 열매를 달고 있는 옥수수 이삭이 특히 잘 모방되었다고 한다.

아스토르필코의 아들은 병적인 확신을 갖고 이렇게 말했다. 내가 서 있는 아래에, 조금 오른쪽으로, 금줄과 금판으로 정교하게 만들어진 식물, 큰 꽃이 핀 독말풀 혹은 관토가, 잉카 왕의 의자를 그 가지로 덮으며 서 있다고 했다. 그 확신은 나에게 깊고도 우울한 인상을 주었다. 이곳에서 환상과 착각은 엄청난 결핍에, 지상의 고통에 위안을 준다. 나는 청년에게 물었다. "당신이 이 정원의 존재에 대해 그렇게 확고하게 믿는데, 당신이나 당신의 부모는 가난 때문에 가까운 곳의 보물을 파고자 하는 욕구를 가끔 느끼지 않나요?" 젊은이의 대답은 너무 단순했다. 이 땅의 원주민 종족들의 특성인 고요한 체념을 그대로 드러내어, 나는 내 일기장에 이렇게 스페인어로 기록했다. "우리한테는 그런 욕망(tal antojo)이 일어나지 않아요. 아버지는 그것은 죄악(que fuese pecado)이라고 하세요. 만일 우리가 황금가지와 모든 황금과일을 갖는다면, 백인 이웃이 우리를 미워하고 해치겠죠. 우리는 작은 밭과 좋은 밀(buen trigo)이 있어요." 젊은 아스토르필코의 말과 그의 황금에 대한 꿈의 이미지를 여기서 떠올렸다고 나를 꾸짖을 독자는 별로 없을 것이다.

원주민들 사이에 그렇게나 널리 퍼진 믿음, 즉 잉카 왕국의 것이라고 할 수 있는 땅에 묻힌 보물들을 차지한다면 벌을 받을 것이고, 전 부족에게 불운이 올 것이라는 믿음은 다른 믿음, 특히 16세기와 17세기를 지배했던, 잉카 왕국이 재건될 것이라는 믿음과 연결되어 있다. 모든 억압받는 국민들은 항상 자유와 구체제의 재건을 바란다. 아타우알파의 형제, 망코 잉카는 동쪽 코르디예라의 비탈에 있는 빌카팜파[327]로 달아났다. 사이리 투팍[328]과 잉카 투팍 아마루[329]는 빌라팜파 황야에 거주했다. 이 두 사건은 영속적인 기억을 남겼다. 아푸리막 강과 배니 강 사이 혹은 좀 더 동쪽 가이아나에 사라진 왕국의 후손들이 정착했을 것이라고 사람들이 생각했다. 서쪽에서 남쪽으로 이동한 황금향(El Dorado)과 황금 도시 마노아의 신화는 그런 꿈을 강화시켰다. 롤리[330] 경의 상상력은 그것에 의해 불타올라서, "그는 황제 황금 도시(imperial and golden island city)를 정복하여, 3천명에서 4천명의 영국인 점령군을 주둔시키고, 우아이나 카팍의 혈통이며 아주 화려한 궁전을 갖고 있는 가이아나의 황제에게 쿠스코와 카하마르카에서 왕국을 복원해주는 대가로 연간 영국 돈 300,000파운드를 받겠다는 희망으로 탐험대를 발족했다." 페루 케추아어가 널리 사용되는 곳이라면 그런 잉카 왕국의 재건을 기대하는 흔적은 조국의 역사에 대해 어느 정도 지식을 갖고 있는 많은 원주민의 머릿속에 남아 있다.

우리는 잉카 아타우알파의 도시에 5일간 머물렀다. 이 도시 인구는 당시에는 7천명에서 8천명 정도였다. 우리의 수집품을 나르는데 필요한 많

---

327 빌카밤바: 케추아어로 '성스러운 평원'이라는 뜻이며, 현대에는 에스피리투 팜파(Espiritu Pampa), 즉 '영혼들의 평원'이라는 이름으로 불리고 있다. 보통 '잉카의 잃어버린 도시'라는 이미지로 대외적으로 잘 알려져 있다. 페루의 쿠스코 지방에 위치하고 있다.

328 사이리 투팍은 페루의 잉카 제국의 사파 잉카이다. 망코 잉카 유팡키의 아들이며, 1544년에 그의 아버지가 스페인인들에 의해 살해당한 이후 신잉카국의 통치자로 즉위한다. 그의 재위 기간은 총 16년으로, 1560년에 사망했다.

329 투팍 아마루 2세, 본명 호세 가브리엘 콘도르칸퀴 노궤라는 1780년 스페인의 잉카 제국 침략과 정복에 맞서 잉카인들의 항쟁을 이끈 인물이다. 그의 봉기는 실패하고, 처형당했으나, 이후 페루 독립투쟁에 영향을 주었으며, 남아메리카 토착민들의 권리쟁취투쟁에 많은 영감을 불어넣었다.

330 월터 롤리 경(영어: Sir Walter Raleigh, 1552년 또는 1554-1618): 영국의 정치인, 탐험가, 작가, 시인이자 영국 여왕 엘리자베스 1세의 총신. 신세계 최초의 잉글랜드 식민지인 버지니아(로어노크 식민지)를 건설했다.

은 수의 노새와 안데스 산맥을 넘어 길고 좁은 페루의 모래사막(Desierto de Sechura) 입구까지 우리를 데려다 줄 안내자를 신중하게 고르기 위해 우리의 출발은 지연되고 있었다.

코르디예라 산맥으로 넘어가는 통과 지점은 동북쪽에서 서남쪽을 향해 있었다. 카하마르카의 쾌적한 고원의 옛 호수 바닥을 떠나자마자, 약 9600피트의 높이를 올라가며 아로마와 쿤투르카가(우리가 보통 콘도르라고 부르는 힘찬 독수리가 좋아하는 장소로, 케추아어로는 카카 즉 바위를 말한다)라고 불리는 이상한 모양의 두 반암 봉우리를 보고 놀랐다. 이 봉우리들은 4내지 7개의 면에, 높이는 35에서 40피트 기둥들로 되어 있었는데, 어떤 것은 갈라져 있고, 또 어떤 것은 곡선이었다. 쎄로 아로마(Cerro Aroma)의 반암 봉우리는 특히 그림과 같았다. 위쪽으로 겹겹이 겹쳐있고 종종 수렴하는 기둥 열로 인해 2층 건물처럼 보였다. 이 건물 지붕은 돔처럼 생겼지만 기둥으로 나뉘지 않은 두꺼운 암석덩어리들로 덮여있었다. 전에 말했듯이, 화산에 의해 그런 모양으로 분화된 반암과 조면암은 코르디야 산맥의 높은 능선의 정말 독특한 특성이다, 그 능선은 스위스 알프스나 피레네 산맥이나 시베리아 알타이의 모습과는 완전히 다르다.

쿤트르카가와 아로마에서 우리는 지그재그로 6000피트나 되는 경사진 바위 비탈을 내려가 막달레나 강이 흐르는 깊은 계곡으로 갔다. 이 계곡의 바닥도 해발 4000피트나 되었다. 우리가 아마존 강에서 처음 보았던 그 명주솜나무(Bombax discolor)로 에워싸인 초라한 오두막집 몇 채가 원주민 마을이라고 했다. 계곡의 빈약한 식물계는 하엔 데 브라카모로스 지역의 식물계와 상당히 유사했지만, 우리는 부겐빌레아의 붉은 관목 숲이 없어 아쉬웠다. 이 계곡은 내가 안데스 산맥에서 본 아주 깊은 계곡 중의 하나이다. 그것은 산을 가로지는 틈처럼 생긴 계곡으로 동서쪽으로 뻗으며, 마주서 있는 알토스 데 아로마와 구안가르마르카의 경계를 이루고 있다.

나한테는 정말 오랜 수수께끼였던 석영층이 이 계곡에서 다시 시작된다. 나는 이미 미쿠아팜파와 카타마르카 사이, 11,000피트 고도의 파라모 데 야나구안가(야나구안가 황무지)에서 이 층을 관찰했는데, 코르디예라 산맥의 서쪽 경사면에서는 이 층의 두께가 수천 피트에 이른다. 레오폴트 폰 부흐가 가장 높은 안데스 산맥에서도 파마나 해협 양쪽에 백악기가 광범위하게 퍼져 있다는 것을 증명한 이후, 내가 방금 언급한 석영층(어쩌면 화산의 힘에 의해 질감이 변형되었을 수도 있다)은 상부 백악층, 누층과 해록석 사암 사이의 석영사암에 속하게 되었다. 온화한 막달레나 계곡에서 우리는 서쪽으로, 이제 다시 2시간 반 동안 알토 데 아로마의 반암 봉우리들 맞은편에 서 있는 4800피트의 암벽을 올라갔다. 암벽에서 자주 차가운 안개에 뒤덮여 있을 때보다도 기온의 변화가 훨씬 더 고통스러웠다.

벌써 18개월 동안 쉬지 않고 산악 지역의 답답한 내륙을 돌아다닌 뒤, 이제는 드디어 다시 바다의 탁 트인 광경을 볼 수 있겠다는 기대에 찬 욕망은, 정말 자주 느꼈던 실망감 때문에 더욱 고조되었다. 피친차 화산 정상에서 프로빈시아 데 라스 에스메랄다스의 울창한 숲 너머를 바라보면서는 지평선을 뚜렷하게 구분할 수가 없다. 해안 지대와 현재 위치의 고도가 너무 멀리 떨어져 있어서다. 마치 기구에서 허공을 내려다보는 것 같았다. 추측만 할 뿐 분간할 수가 없었다. 나중에 록사와 구안카밤바사이에 있는 파라모 데 구아마니, 잉카의 많은 건물들이 폐허로 남아 있는 곳에 도착하자, 노새 몰이꾼들은 확신을 갖고 말했다. 우리가 고원 저편, 피우라와 람바헤케의 골짜기 저편에서 바다를 볼 것이라고. 하지만 짙은 안개가 고원과 먼 해안가에 끼어 있었다.

우리는 물결치는 안개의 바다 위로 다양한 모양의 바위덩어리가 섬처럼 어른거리는 것만 볼 수 있을 뿐이었다. 이 풍경은 테네리프 산 정상의 봉우리에서 보았던 것과 유사했다. 내가 지금 묘사하고 있는 구안가마르카의 안데스 파스에서 우리의 기대는 그때와 같은 실망으로 변했다. 기대에 부풀어 거대한 산등성이를 한 시간 이상 힘겹게 오를 때마다, 길을 잘 알지 못하는 안내인들은 우리의 기대가 채워질 것이라고 장담했다. 우리를 감싸고 있는 안개 층은 잠시 열리는 듯 했지만, 곧 다시 앞쪽의 구릉들이 심술궂게 시야를 가려져버렸다.

우리가 어떤 사물을 보고 싶어 하는 욕망은 그것의 웅장함이나, 아름다움 혹은 중요성에 달려있지 않다. 그것은 각 개인마다 젊은 시절의 유쾌한 인상들, 옛날에 특정한 직업에 대해 가졌던 선호, 먼 곳과 역동적인 삶에 대한 편애와 관계가 있다. 소원 성취의 불가능성은 소원에 더 큰 매력을 준다.

여행자는 남극 위를 돌고 있는 십자성과 마젤란 구름, 침보라소의 눈과 키토 화산의 연기 기둥, 나무처럼 크게 자란 양치식물의 숲, 태평양을 처음 보게 될 그 순간의 기쁨을 맞을 것이라는 기대에 찬 행복감을 우선 느꼈다. 그런 소망이 성취되는 날들은 잊을 수 없는 삶의 순간들로, 어떤 궤변적인 변명도 필요 없는 생동감을 간직한 감정들을 북돋아 준다. 안데스 산맥의 높은 산등성에서 태평양을 보고 싶다는 열망에, 소년 시절 행운의 남자 바스코 누녜스 데 발보아[331]의 대담한 탐험 이야기에 몰두했을 때의 바로 그 관심까지 뒤섞였다. 프란츠 피사로가 그 뒤를 따랐던 바스코는 쿠아레쿠아의 봉우리들에서 파나마 해협, 태평양의 동쪽 지역을 본 최초의 유럽인이었다.

내가 볼가 강 어귀의 델타에서 처음으로 카스피 해를 보았을 때, 그곳

---

331 바스코 누녜스 데 발보아(Vasco Nuñez de Balboa, 1475-1519): 대항해시대의 에스파냐 탐험가, 정복자. 1513년 9월 25일에 유럽인으로는 최초로 태평양을 발견했다.

의 갈대 호숫가는 확실히 그림 같다고 말할 수는 없었다. 하지만 강가를 처음 보았을 때의 기쁨은, 어릴 적 지도에서 아시아의 내해 형태가 주었던 기쁨보다 훨씬 더 컸다. 어린 시절의 인상을 통해 그리고 생활 조건의 우연을 통해 우리 내면에 불러 일으켜진 것은, 훗날 훨씬 더 진지한 방향을 취하게 되며, 자주 학술 작업, 즉 보다 광범위한 일의 동기가 된다.

가파른 산등성이의 울퉁불퉁한 땅을 지나 드디어 알토 데 구안가마르카의 가장 높은 지점에 도착했을 때, 오랫동안 뿌옇게 보이던 하늘이 갑자기 밝아졌다. 희박한 산 공기의 검푸른색이 가장 높이 펼쳐진 깃털 구름 사이로 나타났다. 초리뇨스와 카스카스 근처, 12에서 14피트 길이의 엄청난 크기의 석영돌들로 덮인 코르디예라의 서쪽 비탈 전체가, 그리고 트룩시뇨 근처 바다 해안까지 펼쳐진 찰라와 몰리노스 평원들이 놀라울 정도로 가깝게 우리 눈앞에 다가왔다. 우리는 이제 처음으로 태평양을 보았다. 그 바다가 해안 가까이에서 거대한 빛 덩어리를 반사하면서, 측량할 수 없는 그 광대함으로 추측조차 할 수 없는 지평선을 향해 솟아오르는 것을 똑똑히 보았다. 내 동료인 봉플랑과 카를로스 몬투파르가 얼마나 생생하게 기쁨을 표현했던지, 우리는 알토 데 구안가르마르카에서 기압계를 여는 것을 잊어버렸다. 가까이서 하지만 봉우리보다는 좀 더 낮은 하토 데 구안가르마르카라는 고립된 옥수수 밭에서 측정한 바에 따르면, 우리가 바다를 처음 본 지점은 해발 8800에서 9000피트에 불과했다.

자기 교육과 자기 소원의 많은 본질이 쿡 선장의 동료와의 친분 덕택인 사람에게 태평양의 풍경은 뭔가 엄숙한 인상을 주었다.

내가 (이제 반세기도 훨씬 전에) 처음 게오르크 포르스터[332]의 안내로 영국

332 요한 게오르크 아담 포르스터(Johann Georg Adam Forster, 1754-1794): 독일의 박물학자, 민족학자, 여행작가, 언론인, 혁명가로 어린 나이에 아버지인 요한 라인홀트 포르스터를 따라 제

을 방문할 수 있는 이점을 얻었을 때, 그는 이미 내 여행 계획의 전반적인 윤곽을 알고 있었다.

타이티에 대한 포르스터의 매력적인 묘사는 특히 북유럽에서 태평양 섬에 대해 일반적인 어쩌면 그리움에 가득하다고 할 만한 흥미를 불러일으켰다. 당시 이 섬은 운이 좋아 유럽인들이 거의 방문하지 않았다. 나 역시도 이 섬의 한 부분만이라도 잠시 거쳐봤으면 하는 희망을 키울 수 있었다. 왜냐하면 리마로 가는 내 여행의 목적은 두 가지였기 때문이었다. 첫째는 태양 원반 앞을 지나는 수성을 관찰하는 것, 둘째는 내가 보댕 선장에게 파리에서 출발하기 전에 했던 약속, 즉 프랑스 공화국이 이전에 보댕의 세계 항해를 위해 책정했던 자금을 제공하는 순간에 그의 여행에 동행하겠다는 약속을 지키는 것이었다.

북아메리카 신문들은 지리학자(le Géographe)와 자연과학자(le Naturaliste)라는 이름의 두 탐험선이 혼 곶을 돌아 칼라오 데 리마에 도착할 것이라는 소식을 안틸레스 제도에 퍼뜨렸다. 이 소식 때문에 나는 당시 오리노코 여행을 마친 뒤에 머물고 있던 하바나에서 멕시코를 지나 필리핀으로 가려던 원래의 계획을 포기했다. 그리고 쿠바 섬에서 카르타헤나 데 인디아스로 데려다 줄 배 한 척을 급히 빌렸다. 그러나 보댕 원정대는 기대하고 알려진 것과는 완전히 다른 길을 택했다. 그들은 봉플랑과 내가 합의했던 이전의 계획대로 혼 곶을 도는 대신, 희망봉을 돌아 항해했다. 따라서 페루 여행과 마지막에는 안데스 산맥을 가로지르려던 나의 목적은 좌절되었다. 그러나 나쁜 계절 동안 페루 저지대의 안개 지역에서 맑은 날

임스 쿡(1728-1779의 2차 태평양 항해 등 과학 탐험에 참여했다. 쿡의 세계 일주 항해 중에 그가 남긴 기록은 폴리네시아의 원주민에 대한 민족학 연구에 큰 공헌을 했다. 알렉산더 폰 훔볼트는 포르스터의 사상과 학문적 관점에 영향을 받았다.

을 체험할 수 있는 아주 드문 행운을 얻기도 했다.

카야오에서는 태양의 원반 앞을 수성이 가로지르는 모습을 관찰했다. 이 관찰은 리마와 신대륙 서남부의 정확한 경도를 규정할 때 아주 중요하였다. 그렇게 종종 삶이 심각한 상황에 얽혀들어도 그 안에는 만족할 만한 보상의 싹이 들어있는 것이다.

작가 연보

프리드리히 빌헬름 하인리히 알렉산더 폰 훔볼트
(Friedrich Wilhelm Heinrich Alexander von Humboldt, 1769-1859)

1769년 9월 14일 포메라니아 출신의 프로이센 장교인 알렉산더 게오르크(Alexander Georg)와 위그노 출신의 부유한 가문의 딸인 미망인 마리-엘리자베스 폰 홀베데(Marie-Elisabeth von Holwede, 결혼 전 성은 Colomb)의 둘째 아들로 태어남. 아버지는 7년 전쟁에 참여하여 공을 세운 덕에 프로이센 공주의 시종이 됨. 어머니는 첫 결혼에서 일찍 사망한 딸 한 명과 아들 한 명이 있었음. 첫 남편 사후 테겔 성과 베를린 타운 하우스를 포함한 상당한 자산을 상속받음. 1766년 결혼한 알렉산더 게오르크와의 사이에서는 프리드리히 빌헬름 크리스티안 칼 페르디난트(1767-1835)와 알렉산더 두 아들이 있음.

1769-1773년, 그리고 1775년 아버지가 왕실의 업무에서 물러난 이후 두 아들을 위해 가정교사로 요아힘 하인리히 캄페(Joachim Heinrich Campe)를 고용.

1777년 고틀롭 요한 크리스티안 쿤트(Gottlob Johann Christian Kunth)가 가장의 가까운 친구가 되어 두 형제의 교육에 힘씀.

1779년 아버지 알렉산더 게오르크 사망. 이후 군트는 미망인이 신뢰하는 친구가 되어 집안의 자산을 관리하고, 다방면의 훌륭한 교사들을 두 형제에게 연결해주며 이들의 교육을 감독 지휘함. 두 번이나 남편과 사별한 어머니는 아들 둘이 공무원 직책을 갖도록 교육함. 이를 위해 상당한 자원 지출. 형제들은 옛날 언어와 현대 언어교육을 받았고, 쿤트의 지도 아래 여러 전문가들로부터 대학 수준의 가르침을 받음. 그런 전문가들 중에는 화가 다니엘 초도비에츠키(Daniel Chodowiecki)도 있어, 그에게서 조각과 에칭 훈련도 받음.

1786년 베를린 아카데미의 첫 번째 미술 전시회에서 데생과 회화 작품 선보임. 훗날 여행 작품에서 보여준 놀라운 수준의 삽화는 이런 재능 덕분.

1787년 어머니는 자신의 의도대로 아들들이 공직에서 경력을 쌓기를 소망함, 베를린에서 가장 가까운 대학인 프랑크푸르트 브란덴부르크 대학(비아드리나)에 보냄. 빌헬름은 그곳에서 법학을, 알렉산더는 정치경제학을 공부할 예정이었으나, 두 형제 모두 학문적으로 어려움을 겪고, 한 학기만에 학교 그만둠.

1789년 형을 따라 괴팅겐 브라운슈바이크-뤼네부르크 대학교에 입학. 가을, 네덜란드 의사 스티븐 얀 반 근스(Steven Jan van Geuns)와 함께 프로이센 서부 지역과 라인강 지역으로 연구 여행을 떠남. 마인츠에서 게오르크 포르스터(Georg Forster, 1754-1794)를 만남. 포르스터는 어린 시절 아버지를 따라 제임스 쿡 선장(1728-1779)의 탐험에 참가했음. 알렉산더는 제임스 쿡 선장을 자신의 열망을 실현한 사람으로 보았음.

1790년 3월 말부터 7월까지 포르스터와 함께 마인츠에서 하류 라인을 건너 영국까지 함께 연구 여행을 떠나, 파리를 거쳐 돌아옴. 늦여름, 함부르크 부쉬 아카데미(Hamburg Büsch Academy, 함부르크 경영 아카데미)에서 상업 과학, 경제학, 글로벌 경제학 교육을 받음.

1791년 5월, 상업 아카데미에서 학업을 마친 후, 6월 어머니의 기대에 부응하기 위해 프라이베르크의 광산 아카데미에 등록함. 이는 프로이센 광산국에서 경력을 쌓기 위한 타협책이었음. 3년 걸리는 과정을 8개월 만에 수료. 프로이센의 고위 광산 대장 프리드리히 안톤 폰 하이니츠(Friedrich Anton von Heynitz)에게 광산 관리직에 취업하기 위해 지원서를 보냄. 이를 위해 먼저 프라이베르크 광산 아카데미에서 광업 공부. 광산에서 지위도 오름. 광부들의 안전을 위한 램프와 호흡용 마스크를 개발했으며, 광부들의 지식이 부족한 것을 알고 교재를 만들고 광부학교를 설립함.

1794년 형 빌헬름이 아내와 함께 예나로 이사 옴. 형을 방문하기 위해 실험과 광산 시찰 중단. 예나에 있는 동안 독일 문학의 거장 괴테와 쉴러 만남. 알렉산더가 예나를 떠날 때까지 괴테와의 만남과 과학적 토론을 지속함.

1796년 어머니 사망. 어머니 사망 후 빌헬름과 알렉산더 두 형제는 갑자기 부자가 됨. 알렉산더는 거의 10만 탈러를 상속 받음. 어머니가 세상을 떠나고 4주 후 원대한 여행 계획을 세움. 준비 단계로 유럽 전역을 돌아다니며 지질학, 식물학, 동물학, 천문학을 배움.

1798년 연말, 프랑스에서 여행을 출발하려고 했으나 이를 포기하고 마드리드로 감.

1799년 5월 초, 스페인의 카를로스 4세는 항해 비용을 본인이 부담한다는 조건으로, 알렉산더에게 남아메리카 식민지와 필리핀에 대한 여권을 발급함. 알렉산더는 이에 대한 답례로 왕궁의 내부와 정원에 식민지에서 채취한 동식물을 보내주기로 약속함. 외국인이 스페인 식민지를 그렇게 자유로이 탐험하도록 허락받은 적이 없어, 스페인 국민조차 왕의 결정에 놀람.

1799년 6월, 스페인 호위함 피사로(Pizarro)와 함께 라코루냐(La Coruña)에서 출발.

1800년 2월, 첫 번째 남미 탐험. 카라카스에서 아푸레 강(Apure River)을 거쳐 오리노코 강 탐험 시작.

1801년 3월, 두 번째 남미 탐험. 콜롬비아 카리브 해안의 카르타헤나에서 시작.

1802년 6월, 신발, 의복, 장비가 부족함에도 불구하고 봉플랑과 함께 침보라소(Chimborazo, 6,263m) 정상에 거의 오름. 분화구 아래 400~800m에 통과할 수 없는 틈 때문에 되돌아가야 했지만, 이후 30년 동안 등반 세계 고도 기록으로 남음.

1803년 3월, 아카풀코에서 1년간 멕시코 체류.

1804년 3월과 4월, 하바나에서 쿠바에 관한 예비 연구. 8월, 알렉산더와 봉플랑 보르도에 도착. 민간인이 오직 자신의 재산을 사용하여 이러한 연구 여행을 수행했다는 사실은 전례가 없었음. 그런 탓에 그의 재산은 3분의 1로 줄어듦.

1805년 11월부터 베를린에서 과학 연구 계속함.

1806년 나폴레옹 군대와의 전투 결과로 프로이센이 군사적으로 붕괴함.

1807년 「식물지리학에 관한 고찰」 발표. 겨울, 프로이센 왕 프리드리히 빌헬름 3세가 파리로 가는 프로이센 평화사절단을 보좌하라고 제안함. 이를 수락하고 11월 베를린을 떠남.

1808년 『자연의 풍경들』(Ansichten der Natur) 독일어판 출간함. 같은 해 프랑스어로도 번역.

1810-1813년 『코르디예라의 전경과 아메리카 원주민의 기념비적 업적들』(Vues des Cordillères et Monuments des Peuples Indigènes de l'Amérique) 파리에서 대형 2절판으로 7번에 나눠 출판됨. 1810년 7회분 중에서 2회분만이 독일어로 번역됨.

1814년 나폴레옹 엘바 섬으로 추방됨.

1814-1831년 『신변기』(원제: Voyage aux régions équinoxiales du Nouveau Continent fait en 1799, 1800, 1801, 1803 et 1804) 4절판으로 출간. 이후 1816-1831년까지 작고 저렴한 8절판으로 출판함. 1814-1829년 사이 프랑스와 거의 동시에 『Personal Narrative』라는 제목으로 발간됨.

1817년 「지구의 등온선과 열 분포에 대하여」 논문 발표. 이 논문을 집필하는 과정에서 지구의 기후 패턴을 시각화하기 위해 등온선 개념 창안함.

1826년 가을, 프로이센 왕 프리드리히 빌헬름 3세는 알렉산더에게 "그동안 그대는 집필 활동을 한다는 핑계로 파리에 머물러 왔다. 이제 집필을 끝내고도 남았을 테니, 더는 파리에 머무를 이유가 없다… 나는 그대의 체류 기간을 더는 연장해줄 수 없다. 그대가 진정한 프로이센 국민이라면, 여하한 경우에도 프랑스를 증오의 대상으로 여길 것이 틀림없다."라는 내용의 편지 보냄. 프로이센 왕실에서 지급하는 봉급이 절실히 필요

할 알렉산더는 베를린으로 돌아가더라도 정기적으로 파리에 방문하도록 허락해달라는 조건으로 귀국을 결정함.

1827년 4월, 파리를 떠나 베를린으로 출발, 5월 도착. 11월부터 대학교에서 61회 연속 강의. 이후 6개월에 걸쳐 일주일에 여러 번씩 강의함. 수강료를 받지 않은 그의 강의에는 다양한 계층이 참석했고, 절반은 여성이었음. 연말에 러시아의 니콜라이 1세가 여행 허가서를 발급. 이후 알렉산더는 세심하게 여행 계획 세움.

1828년 9월, 베를린에서 콘퍼런스 개최하여, 독일과 유럽 전역에서 수백 명 과학자 초청함.

1829년 초봄. 베를린에서부터 탐험을 시작하기로 함. 하지만 형수 카롤리네의 암이 급속히 악화되어 몇 주 연기. 3월 26일 카롤리네 사망. 4월, 베를린을 떠나 러시아 여행 시작. 5월, 상트페테르부르크를 떠난 이후 11월에 이 도시로 다시 돌아옴. 그가 상트페테르부르크에서 한 연설은 러시아제국 전체에서 기후에 관한 연구가 시작되도록 자극하는 기폭제가 됨. "삼림 파괴가 기후에 미치는 영향"과 관련된 데이터가 필요하다고 역설. 이를 계기로 "인간이 기후에 미친 영향"을 평가하는 대규모 연구가 시작됨.

1831년 러시아 여행 후 『아시아의 지질과 기후』 출판. 상당 부분은 1830년 10월부터 1831년 1월까지 파리에서의 강연을 기반으로 함. 12월 27일, 찰스 다윈이 탄 비글호가 영국 남해안의 포츠머스 출발하여 지구를 가로지르는 항해를 시작함.

1835년 4월 8일, 형 빌헬름 폰 훔볼트 사망.

1839년 5월 중순, 다윈의 『비글호 항해기』 1쇄 나옴. 다윈은 그중 한 권을 베를린에 있는 훔볼트에게 보냄.

1842년 프리드리히 빌헬름 4세와 함께, 윈저성에서 거행되는 웨일스 왕자의 세례식에 참석하기 위해 영국 방문.

1845년 4월 말, 『코스모스』 1권이 독일에서 출간됨. 몇 주 만에 2쇄. 두 달 만에 2만 부 이상 팔리며 베스트셀러에 등극. 이후 몇 년 동안 영어, 네덜란드어, 이탈리아어, 프랑스어, 덴마크어, 폴란드어, 스웨덴어, 러시아어, 헝가리어로 번역됨.

1847년 『코스모스』 2권 출간되자마자 즉시 매진. 1권과 2권이 인기를 끌자, 미국에서 팔린 수천 권은 집계에 포함되지 않은 채, 1849년까지 약 4만 권의 영역판이 팔림.

1848년 3월 18일, 베를린에서 혁명 일어남.

1849년 『자연의 풍경들』 개정 3판이자 확장판 9월 14일 출판.

1850년 12월, 『코스모스』 3권 전편 출판. 1년 후 후편 출판. 알렉산더는 3권 서문에서 "1권과 2권의 부족함을 메우기 위해 3권을 썼으며, 이것이 최종판"이라고 했지만, 3권의 서문을 쓰고 나서 곧바로 4권을 쓰기 시작함.

1856년 9월 초, 친구에게 몸이 점점 쇠약해지고 있음을 느낀다고 털어놓음.

1857년 2월 25일 밤에 쓰러져 의사는 뇌졸중으로 진단, 회복할 가망이 없다고 함. 모두의 예상을 깨고 병상에서 일어남. 이후 걸음걸이가 불안정함.

1857년 12월, 『코스모스』 4권 출판. 5권을 발간하기로 하고 왕실 도서관에 앉아 독서와 집필에 매달렸지만, 기억력이 감퇴하여 노트를 반복적으로 뒤지거나 책을 두고 오는 일이 잦아짐.

1858년 12월, 독감으로 누웠으나 1859년 2월 다시 일어나 미국인 70명이 개최한 조지 워싱턴 생일 축하 행사에 참석.

1859년 3월 15일, 아흔 번째 생일을 6개월 앞두고 신문에 『코스모스』 5권을 마무리할 시간이 부족하니 편지를 그만 보내 달라는 내용의 광고를 냄. 한 달 후인 4월 19일 『코스모스』 5권의 원고를 출판사에 보냈고 이틀 후 의식을 잃고 쓰러짐.

1859년 5월 6일, 89세로 사망. 5월 10일 아침, 베를린에서 수만 명의 조문객이 장례 행렬을 따라 운터덴린덴 거리에 있는 그의 아파트부터 베를린 성당까지 행진. 그날 밤 그의 관은 테겔로 옮겨져 가족묘에 안장됨.

역자 후기

알렉산더 폰 훔볼트(1769-1859)는 프로이센 귀족 가문의 둘째 아들로 태어났다. 그보다 두 살 많은 형 빌헬름 폰 훔볼트가 철학자, 교육학자, 정치가로서 명성을 얻었다면, 알렉산더는 지리학자, 자연과학자, 박물학자, 탐험가로서 국제적인 명성을 누렸다. 두 형제 모두 독일 당대의 최고 작가 괴테(1749-1832)와 쉴러(1759-1805)와 친분을 맺었다. 1794년 형 빌헬름이 예나로 이사와 괴테와 쉴러 등과 교류할 때, 알렉산더가 이들에게 합류했다. 식물학, 화학, 갈바니즘, 동물학과 화산학까지, 다방면의 지식을 갖고 있던 알렉산더는 괴테에게 큰 자극을 주어 괴테의 자연과학 연구의 좋은 파트너가 되었고, 반대로 괴테와의 교제는 알렉산더가 자연을 이해하는 데 큰 도움을 주었다.

그 당시 유럽의 지식인은 자연을 이해하는 데 합리주의와 경험주의로 나뉘었다. 합리주의에 따르면 '모든 지식은 이성과 합리적 사고에서 나온다'라고 주장하는 반면에 경험주의는 '인간의 경험을 통해서만 세상을 알 수 있다'라고 주장한다. 알렉산더는 칸트의 이론에 기반을 두고 "외부 세계는 우리 마음속으로 인식하는 동안에만 존재한다"라고 주장했다. "외부 세계가 마음속에 형성되고, 그것이 자연에 대한 이해를 형성한다"라는 것이다. 예나에 있는 동안 이렇게 그는 '순수한 실증연구'에서 '자연의 해석'으로 전향했다. 오랫동안 엄밀한 관찰과 측정의 중요성을 신봉했지만, 개

인의 감각과 주관성도 중시하기 시작한 것이다.[333]

그의 책『자연의 풍경들』에는 이런 시각이 들어있다. 자연을 하나의 대상으로만 바라보지 않고, 그것과 연결된 수많은 요소를 상상력과 문학적 감성을 결합하여 서술했다. 이 책은 알렉산더가 "가장 좋아하는 책으로, 과학 정보와 시적인 풍경 묘사를 결합한 것이 특징"[334]이다. 이런 특징을 그는 이미 서문에서 자신의 형인 빌헬름 폰 훔볼트의 편지를 인용하여 드러내고 있다. 알렉산더 자신도 초판 서문에서 "자연사(自然史) 대상들을 미학적으로 다룬다"라고 했으며, 이것들을 묘사할 때 "감정과 상상에 호소하면서, 문체는 쉽게 시적인 산문으로 변질이 된다"고 했다. 남아메리카의 여러 지역의 특징을 그려내면서, 지리학적 정보 및 지역 주민의 특성까지 전달하지만, 이를 전달하는 언어는 문학적이다.

알렉산더의 80세 생일인 1849년 9월 14일에 출판된 3판 서문에서 저자는 이전 판보다 과학적 해석과 설명을 더 보충했다고 언급한다. 이 주석 부분의 분량이 책의 본문보다 많다. 이 부분만 보면 이 책은 자연 과학서로 볼 수 있을 정도이다. 하지만 현재 출판된 책들 대부분에서는 주석 부분은 생략한다. 그가 보충했던 과학적 설명과 관찰 기록들은 현재는 이미 옛것이 되어 가치가 없기 때문이라고 할 수 있다. 하지만 알렉산더로 인해 새로운 지역과 종이 발견되었고, 과학적 관찰이 이루어졌고, 오늘날의 생태학자, 환경학자, 자연 작가들은 자신도 모르게 그의 자연관에 기초를 두고 있다.

알렉산더 폰 훔볼트의 삶의 궤적과 탐험 등 거의 모든 행적을 담은 안드레아 울프의『자연의 발명』에서 저자는 그가 우리에게 자연 자체의 개념

---

333 안드레아 울프, 양병찬 역,『자연의 발명』, 70쪽.

334 같은 책, 538쪽.

을 제공했으나, 오늘날 너무나 자명한 것으로 간주하여 그것을 제공한 사람이 누구인지 까맣게 잊었다고 했다. 울프의 말대로 "우리의 지식과 생각은 과거의 거인들에 의해 형성"되었다.[335] 알렉산더 폰 훔볼트라는 거인이 형성한 모든 것을 우리가 잊었다고 해도, 그가 남긴 흔적은 여전히 전 세계 곳곳의 지명에서, 많은 식물과 동물의 종에서 그의 이름으로 남아있다.

---

335 같은 책, 28쪽.